함께 만드는 학교 공간 이야기

고은석, 정록, 방소형, 최현진, 김수연

함께 만드는 학교 공간 이야기

초판 1쇄 인쇄 2020년 11월 09일
초판 1쇄 발행 2020년 11월 19일

지은이   고은석, 정록, 방소형, 최현진, 김수연
사진   김영길
펴낸이   김지홍

편집   김지홍
디자인   이미리

펴낸곳   도서출판 북트리
주소   서울시 금천구 서부샛길 606 30층
등록   2016년 10월 24일 제2016-000071호
전화   0505-300-3158 | 팩스 0303-3445-3158
이메일   booktree11@naver.com
홈페이지 http://blog.naver.com/booktree77

값   16,000원
ISBN   979-11-6467-052-9 13810

- 이 책은 저자권에 등록된 도서로 저작권법에 따라 무단전재 및 복제와 인용을 금지합니다.
- 이 책 내용의 전부 및 일부를 이용하려면 저작권자와 도서출판 북트리의 서면동의를 받아야 합니다.
- 잘못된 책은 구입하신 서점에서 바꾸어 드립니다.
- 이 책에 삽입된 이미지는 공동체참여설계 워크샵 중 일부 자료를 원제작자의 동의하에 사용하였습니다.

> 이 도서의 국립중앙도서관 출판예정도서목록(CIP)은 서지정보유통지원시스템 홈페이지(http://seoji.nl.go.kr)와 국가자료종합목록 구축시스템(http://kolis-net.nl.go.kr)에서 이용하실 수 있습니다. (CIP제어번호 : CIP2020047516)

함께 만드는
학교 공간 이야기

고은석, 정록, 방소형, 최현진, 김수연 지음

도서출판 북트리

| 추천사 |

아이야, 북초가자 👣

전화가 왔다. 처음 보는 번호다.

"여보세요, 저는 광주북초에 정록이라고 합니다. 잠시 통화 괜찮으신가요?"

통화의 요는 교사, 학부모 대상 연수 요청이었다. 주제는 공동체참여과정으로 만든 학교공간에 대한 사례 소개. 광주 어느 학교에서 내 전화번호를 어떻게 알게 되었을까? 궁금하던 차에 서울삼양초등학교 배성호 선생님께서 소개해주었다는 사연을 듣고 퍼즐이 맞춰졌다. '공동체참여과정'으로 '학교'를 만들기 위해 건너, 건너 찾아온 한 통의 전화는 반가움과 함께 두려움이었다.

2017년 당시, 교육, 도시, 건축 분야 사람들이 모여 학생들과 함께 만들어갔던 1여 년 프로젝트 수업을 마치고, 서울시교육청 꿈을 담은 교실 프로젝트가 마무리되고 있을 즈음으로 기억한다. 학생 참여 과정을 통한 두 번의 작지만 큰 프로젝트는 아이와 함께 성장할 수 있는 새로운 건축'일'을 모색하던 때에, 많은 희망과 성장 그리고 고민을 가져다주었다. 그러던 차에 찾아온 '광주북초'는 다시 한 번의 성장통이 될 수도 있겠구나 생각되었다. 성장통이 되더라도, 어떤 일인지 가보자, 너무 아플 것 같으면 한 번의 인연으로 머물게 될지라도,

궁금했다. 광주가 어떤 곳인지, 북초가 어떤 곳인지.

 하늘도, 바람도 시원한 늦가을이었다. 대학교 2학년 때 전남대 교환학생 인연 이후로 처음 찾아가 본 광주는 반가웠고, 새로이 인사 나눈 두 분의 학부모님은 따뜻했다. 생각보다 어려 보였던 내 모습에 놀라 했던 학부모님 표정이 잊히지 않는다. 학부모님 차를 타고 학교 후문으로 들어선 학교는 건물보다 나무가 먼저 보였다. 안내받은 교실에는 'ㄷ'자 책상 배치로 선생님, 학부모님들이 앉아계셨다. 발표 자료를 겨우 모니터에 띄우고, 인사를 나누던 눈빛에서 지푸라기라도 찾는 시선이 느껴졌다. 그 시선은 건축으로 세상에 없는 길을 찾고 있었던 내 마음과 맞닿고 있었다. 첫 시간은 많이 부족했다. 참여 설계과정, 학교공간을 현장에서 배워가고 있었기 때문에, 내가 경험하지 않은 것에 대해 예견하고 말한다는 두려움이 컸다. 그러나 한 가지 희망은 '공동체참여과정'을 진심으로 바라고 있고, 함께할 분들의 믿음과 의지가 함께 성장할 수 있는 동력이 될 수 있겠다는 믿음과 경험이 있었기에, 선뜻 '할 수 있을 거예요'라고 대답할 수 있었다. 아주 작게. 나도 학교도 함께 성장할 수 있는 동무가 필요해 보였다.

 광주북초를 오갔던 3년 동안, 동무들도, 아이들도 그리고 나도 성장했음을 느낀다. 2017년 세상에 없던 길은 이제 우리의 길이 되었고, 이제는 전국에 많은 학교가 이 길을 통해 만나게 될 내일학교, 나아가 미래학교를 이야기하고 있다.

 덕분에, 많은 학교가 참여 과정을 통한 학교공간에 대해 고민하고, 애쓰는 가운데, 특히, '공동체참여과정을 통한 학교 만들기는 시간도 오래 걸리고, 일일이 의견 조율도 만만치 않고, 없던 행정 방식이라

번거로워도 이렇게 번거로운 과정이 없어!'라고 생각하는 입장도 있다. 만약, '과정'으로 얻고 싶은 것이 '결과'라면, 추천하지 않는다. '공동체참여과정'은 학교에서 문화적, 철학적으로 많은 의미를 내포하고 있는 3개 단어가 있다. '공동체', '참여', '과정' 이다. 공동체참여과정에 있어서 '학교 만들기'는 수단이지 목적이 아니다. '학교의 주인은 누구인가'보다, 누가 살아가고 있는지, 학교공간을 이야기하는 데 있어서, 서로 다른 시간과 모습을 이야기할 때 입장별로 어떻게 이야기 포문을 열고, 가시적으로 학교공간으로 모아갈 것인지, 이와 같은 단계들을 엮은 이야기가 바로 '과정'이다. 때문에 '공동체참여과정'은 사례만 있고, 정답이 없다. 그럼에도 불구하고, 학교에서 '공동체참여과정'을 이야기하는 것은 '나'보다 '우리'를 알아가고, 배워가며 그리고 작지만 큰 실천이 가능한 곳이 '학교'이기 때문이다.

  마침, 내일도 아이와 함께 광주북초에 간다. 새로운 학교공간이 형체를 드러내고, 내장재와 가구 관련 회의와 워크숍이 열리기 때문이다. 징하다. 광주북초와 인연을 3년 꼬박 채울 것 같다. 그래도 좋다. 광주북초에 가면 동무들과 아이가 뛰어놀 수 있는 여유로움이 있기 때문이다.

  사랑한다. 광주북초.

2020.09.13. / P_P.Y 홍경숙 씀

모두의 마음으로 자연스럽게 지어가는 학교

　어렸을 때 언제나 길은 학교로 이어지곤 했습니다. 어른이 되고서도 저의 발길은 학교로 가곤 했는데, 특별히 지난 몇 년간 발길은 다시 소나무 사이로 걸어 들어가 자리 잡은 작은 초등학교로 자주 이어졌습니다. 그곳에서는 나무들과 하나가 된 아이들과 그리고 이 아이들과 거의 구분되지 않는 얼굴을 한 교사들과 학부모들이 같이 모여 있는 곳이었습니다. 제가 만난 광주북초등학교는 공부하는 곳이라기보다는 분명, '같이 사는' 곳이었습니다.
　이 책은 그 학교와 학교 사람들의 이야기입니다.

　'삶터'이기에 삶의 열정과 딱 그만큼의 치열함을 지닌 분들이 자신들을 보듬어 준 자연과 어울리는 집을 만들어가겠다는 것은 너무도 자연스러운 생각입니다. 어떡하든 '우리가 배움을 주고받으며 살아갈 우리 학교를 허투르지 않게 우리가 지어가겠다'라는 건데 세상이 어디 만만합니까? 정작 학교를 짓는 절차와 규정이 도무지 자연스럽지 않은 것이 언제나 그렇듯 문제지요. 이 책은 그 부딪침의 이야기이기도 합니다.
　사실, 「학생 수 곱하기 넓이 곱하기 얼마」로 정해지는 학교시설의 '수식'으로는 우리 '북초'의 아이들이 매일 소풍처럼 구령대에서 점심을 먹는지, 학교 옆 개울가로 가는 개구멍이 얼마나 재미있는지, 오래

된 유치원 앞 잔디와 대나무 숲에 바람은 또 얼마나 시원한지 도무지 알 길이 없습니다. '수식' 어디에도 등굣길의 소나무 사이로 쏟아지는 '북초'의 아침 햇살을 찾을 수는 없습니다. 하물며 우리 아이들이 미래를 만들 힘을 지니도록 고민하는 선생님들의 다채로운 생각들이 칸칸이 나누어진 상자 같은 교실에 담겨질 리가 없지 않겠습니까? 한쪽으로 뚫어진 창문만으로는 풍요로운 자연과 학교를 품고 있는 마을의 역사와 이웃의 마음 쏨이 드나들기에는 턱없이 부족한 줄을 마을 학부모 모두는 벌써 알고 있었습니다. 원래부터 수식이란 공급과 관리라는 목적으로 만들어진 것입니다. 그러니 무표정한 네모난 교실이 끝모르는 복도로 이어져 있는 학교가 대량생산될 뿐입니다. 이 책은 그래서 기준과 현장의 '웃픈' 이야기입니다.

읽다 보면 순간마다 '맨땅에 헤딩하는' 아픔과 답답함을 그대로 느낄 수 있습니다. 그렇지만 학교공간을 만들어가기 위해 학교 주체들이 겪고 나누고, 좌절하고 풀어나가는 '공동체 참여 설계'의 진정한 가치와 과정, 방법을 발견할 수 있을 것입니다. 누구나 알면서도 쉽사리 하지 못했던 일입니다. 그래서 읽는 여러분은 적어도 그 '헤딩'만은 피할 수 있을 것이라 저는 확신합니다. 이 책은 광주북초등학교의 교육공동체가 마음을 모아가며 같이 학교를 만들며 겪은 전쟁(?) 같은 과정에서 발견한 희망을 애써 담담하게 말해주는 이야기들입니다.

학습은 연결이고 학교공간은 공동체를 이어주고 담아내는 곳이어야 합니다. 우리에게 학교공간은 내일의 삶을 마련하기 위한 가장 적극적인 '지금'의 장소입니다. '학교공간퍼실리테이터'로서 저는 학교가 미래의 가능성을 실현하는 곳이라 생각했습니다. 그 가능성을 담아낼 수 있는 학교공간으로 광주북초등학교의 모든 구성원이 함께 만들어가는 것이기를 바랐습니다. 그 과정에서 아이들은 배우고 싶은 학교를 말하고, 교사들은 교육과정을, 학부모는 내가 가고 싶었던 학교를 이야기합니다. 모두 각자의 눈높이로 말하는데 그 이야기들이 '공간'으로 이어지는 신기한 일이 이루어진 것입니다. 그래서 이 책은 지금까지 다른 학교공간 관련 책들에서 만날 수 없었던 귀한 기록입니다. 그렇기 때문에 이 책은 광주 북초등학교의 학교공간을 꿈꾸고 만들어 간 '공동체의 기록'이자 모든 이들을 위한 충실한 '학교공간 사용설명서'입니다.

모름지기 학교란 원래 이렇게 만들어야 합니다. 부디 놓치지 마시기를 바랍니다.

고인룡 (광주북초등학교공간 퍼실리테이터,
공주대학교 건축학부 교수)

| 차례 |

01 광주북초 이야기
01 작고 아름다운 숲을 품고 있는 학교　　　　　　　14
02 작은 학교 교육과정　　　　　　　　　　　　　　18
03 작은 학교 학부모　　　　　　　　　　　　　　　29

02 공동체 참여설계의 어려움
01 학교는 원래 그렇게 지어진다　　　　　　　　　　44
02 완벽한 동상이몽　　　　　　　　　　　　　　　　51
　에피소드 1 자세히 보면 이상한 나라의 교육청　　　58
　에피소드 2 끝나지 않은 이야기.. 본관리모델링 - '미치겠네'　66
03 사람을 만나다　　　　　　　　　　　　　　　　　69
04 움직여라 광주교육　　　　　　　　　　　　　　　77
　에피소드 3 "그깟 마스터플랜 5일이면 나도 하겠네!"　85

03 공동체 참여설계를 위한 워크숍
01 학생, 상상하다　　　　　　　　　　　　　　　　　92
02 교사, 상상하다　　　　　　　　　　　　　　　　107
　에피소드 4 "저기에 왕버들 나무가 있다고?"　　　120

03 학부모, 상상하다   123
에피소드 5 내가 이 학교에 아이를 보내는 이유는…   132
에피소드 6 한 발 물러 학교 바라보기   141

04 공동체 참여설계를 통해 고민한 교육

01 학교에도 안식년이 필요하다   148
02 생태교육과정을 논하다   152
03 바람   164

05 공동체 참여설계는 어떻게 반영되었는가?

01 남향 VS 서향 _학교의 위치와 배치   172
02 필로티와 외부계단 _아이들의 이동동선   175
03 배구 좋아하세요? _강당 크기에 대한 생각   180
04 삶의 공간, 교실   184
05 다락방이 있는 도서관   189
06 급식실이 아닌 식당을 만들자   194
07 공유 공간 _까페테리아   199
08 교사의 새로운 공간   203
09 또 다른 구성원, 나무   205
에피소드 7 벽돌 대첩   211

마치며 _여전히 학교만 남는다   218

01
광주북초 이야기

01 작고 아름다운 숲을 품고 있는 학교
02 작은 학교 교육과정
03 작은 학교 학부모

01
작고 아름다운 숲을 품고 있는 학교

　아름다운 풍광을 조망할 수 있는, 전원주택으로 치면 전망이 좋은 학교는 아니다. 작지만 뛰어놀 수 있는 숲과 숲속 놀이터, 씨를 뿌리고 잎이 나고 꽃이 피는 모습을 늘 관찰할 수 있는 텃밭, 아지트와 비밀 공간의 이야기가 가득한 대나무 숲, 1학년짜리도 올라가기를 도전해 볼 수 있게 낮은 가지를 드리워 언제나 품을 내어주는 배롱나무 이 모든 자연이 학교 안에 있어 교실 밖으로 나가기만 하면 만날 수 있다. 학교 주변에는 들이 있어, 보리가 자라 익고 모내기를 하고 벼 베기를 하는 풍경을 늘 볼 수 있으며 작지만, 영산강으로 이어지는 효령천이 있어 아이들은 냇가의 생물과 식물을 보고 자라며 친근하고 재미있는 또 하나의 놀이터이다.

　자연이 아이들을 키운다는 생각을 누군가 가졌다면 이 작은 학교를 선택한 것은 깊은 혜안이 있었던 걸 거다. 아마 아이들은 살면서 놀면서 체득했을 것이고, 학부모들은 이미 알고 있었던 걸까? 생태 교육과정을 학교 교육과정의 방향으로 잡고 돌아보니 무한한 소재가 학교에 아주 가까이 있었다는 것을 깨닫게 된다. 키 큰 소나무와 그보다 키가 작은 익숙하고 오래된 학교 건물이 하늘과 어우러져 만들어지는 스카이라인. 운동장에, 대나무 숲에, 뒤뜰에 언제나 아이들이 뛰어노는 모습이 이야기를 만들고 공간을 완성한다.

　광주광역시와 담양 경계에 있는 도시 근교의 학교로 학교 주변은 논과 밭으로 둘러싸여 있다. 우리 학교의 경관에서 가장 아름다운 모습 중 하나로 오솔길의 끝에서 학교 건물을 바라봤을 때 1층 건물을 감싸고 있는 소나무와 푸른 하늘이 연결되는 스카이라인을 꼽는다.

　우리 학교의 아름다움은 학교 안에 자리한 숲에 있다. 아이들이 사는 학교 안에 아름다운 숲과 정원이 있다는 것은 그만큼 아이들이 자연을 가까이에서 늘 만날 수 있고 그 안에서 뛰어놀 수 있다는 뜻이 된다.

　아이들 걸음으로 걷기에는 조금 길고 달려가다 보면 어느새 끝나버리는 정도 길이의 오솔길을 지나면 갑자기 탁 트인 운동장이 펼쳐지고 그 운동장 끝에 교실이 있는 1층 건물이 길게 자리하고 있다.

　오른편에는 1967년에 지은 별관이 있는데 붉은 벽돌 벽에 한쪽이 더 낮게 내려오는 삼각 지붕을 가지고 있는 교실 4칸 규모의 작고 귀여운 건물이 있었다. 지금은 철거되었다.

　별관과 본관 사이에는 아이들이 다방구를 하고 뛰어노는 잔디밭이 있고 그 잔디밭을 대나무 숲이 두툼하게 감싸고 있다. 아이들은 대나무를 주워 말처럼 타기도 하고 올라가기도 하며 대숲 안에는 해가 드는 아늑하고 따뜻한 공간이 있어 아이들의 아지트로 사용되기도 한다.

　아이들이 주로 노는 공간은 운동장뿐만 아니라 학교 숲, 뒤뜰에 잔디밭, 언제든 자라는 모양을 지켜볼 수 있는 텃밭, 야외화장실로 지나는 통로, 비를 피해 놀 수 있는 가림막이 있는 공터, 재활용 쓰레기를 모아두는 곳 등 학교 안의 모든 공간이다.

02
작은 학교 교육과정

아름답고 작은 학교인 광주북초등학교는 전교생이 100명 안팎이다. 광주북초등학교 – 광주지산초등학교 북분교 – 광주북초등학교로, 분교가 되었다가 다시 본교로 돌아온 범상치 않은 이력을 가진 학교다.

큰 학교라고 해야 하나? 도시에 있는 학교에 있다가 광주북초에 근무하게 되면서 생소함을 느꼈다. 이런 환경이 있는 학교라니. 이런 교육과정을 가지고 있는 학교라니. 생소하고, 신기하게 느껴지지만 작은 학교들에서는 나름 일반적인 교육과정을 이야기해볼까 한다.

1) 일반 학교의 교육과정

12학급이 이상, 학년당 2학급이 넘는 학교의 경우에는 학교교육과정 – 학년교육과정 – 학급교육과정 순으로 교육과정이 구성된다. 학교교육과정은 단위학교 교육을 통해서 이루고자 하는 국가 수준의 교육목표, 거기에 더해지는 지역교육청 단위의 교육목표, 그리고 학교 단위의 교육목표를 구술한다. 학교 전체의 틀을 담고, 각 학년의 교육과정 뼈대가 될만한 내용을 담게 된다. 보는 관점에 따라서는 국가의 보편적인 틀 안에서 질 관리가 가능한 교육이 이루어지고, 다른 관점에서는 지난 연도와 거의 비슷하고, 학교별로 큰 차이점이 없는 교육과정이 담기는 꽤 두꺼운 책이다. 한때는 100대 교육과정이라고 해서 뛰어난(?) 교육과정을 뽑는 교육부 차원의 경연대회(?)가 있었다.

학교 단위 교육과정을 바탕으로 학년교육과정이 구성된다. 학교교육과정에서 국가 수준의 교육과정이 제시하는 교과 시간, 창의적 체험활동, 범교과 학습 주제와 시간 등을 제시하면 이것이 학년 교육과정의 기준이 된다. 학년교육과정에는 적게는 2개 반에서 많게는 8~9개 반에 이르는 한 학년의 교육과정이 담긴다. 동학년에서 각 학급의 담임들이 학년의 특색(교과와 학생)에 맞추어 학년의 교육과정을 구성한다. 동학년 교사들이 국가 수준의 교육과정을 연구하고, 분석하고, 이를 통해 재구성하여 학년교육과정을 완성한다. 기존 학교가 교과서와 학급담임의 개인 역량을 바탕으로 이루어지는 교육을 했다면, 혁신학교 이후로는 동학년 교사와 집단지성의 힘을 통해서 학년별 특색이 있는 교육을 한다. 학급교육과정은 학년교육과정을 바탕으로 하여 실제로 이루어지는 배움의 활동이다. 체험활동, 계절 학교, 학년 특색교육 등이 학년교육과정을 통해서 드러나기 때문에 학교에서 가장 중요한 교육과정은 학년교육과정이라 할 수 있다.

2) 작은 학교 교육과정의 좋은 점

 작은 학교 교육과정은 일반적인 교육과정과는 차이가 있다. 학교-학년-학급 교육과정으로 이루어지는 체계에서 학년교육과정이 없다. 학급교육과정이 바로 학년교육과정이 되는 것이다. 학년교육과정이 없다 보니, 각 학급담임의 교육 활동이 학급교육과정이자 학년의 교육과정이 된다. 여기에는 장단점이 있다.

 첫 번째 장점은 교사 개개인의 역량을 최대한 발휘할 수 있다는 것이다.

 이전 혁신학교에서 학교 평가를 받으며 인상이 깊었던 평가 문구가 있었다. '한 학교 안에 작은 학교의 교육과정 6개가 돌아가고 있다.' 개인적으로는 굉장히 긍정적인 평가라고 생각했지만, 학교는 전체적으로 분위기가 흉흉했던 것 같다. 이전까지 모든 것을 학교에서 통제했는데, 혁신학교에서 드디어 학년 단위에서라도 자유롭게 교육과정을 계획하고, 더구나 혼자가 아닌 동학년 교사와의 협업을 통해 내 교육과정을 녹여내고, 동학년 교사들의 교육과정을 엿볼 수 있다는 것은 그때까지 경험치 못했던 새로운 것이었고, 교사로서 많은 성장을 할 수 있게 해주었다. 하지만 그러한 집단지성의 교육과정, 협업의 교육과정에서도 아쉬움은 있었다. 각 반에서 이루어지는 배움을 온전하게 담지 못했으며, 때로는 동학년 교사와의 교육 철학과 관점의 차이로 갈등이 일어나 설득하기를 포기하거나 혹은 소문나지 않게 각자 몰래 뭔가를 하기도 했었다. (그 어려움이나, 눈치 보기가 혁신학교 이전의 학교들보다는 훨씬 덜했지만) 작은 학교에서 학급의 교육과정이 학년의 교육과정으로 대체되면 위의 경우와는 다르다. 학급에서 이루어지는 배움이, 온전하게 활자화되어 학년교육과정이 된다. 동학년 교사들과의 교육 철학과 관점의 차이로 갈등을 겪거나 포기하게 되는 부분은 없어진다.

두 번째, 학생과 학급의 특성에 따라 교육과정을 계획하고, 변화를 줄 수 있으며, 연속성을 가질 수 있다.

한 학급이 한 학년이 되는 작은 학교의 경우, 모든 학년의 학생이 전년도와 같은 구성이기 때문에 예측할 수 있다. 학생 개개인의 특성과 이러한 특성이 모인 학급의 특성이, 비록 어느 정도의 변화는 있을지라도 큰 틀을 벗어나지 않는다. 이는 교육과정을 계획할 때 큰 장점이 된다.

모든 교사에게는 각자가 가지고 있는 관심 분야가 있다. 발도르프, 배움의 공동체, 비고츠키 등의 교육 철학에 대해 깊이 이해하거나, 실천하려고 노력하는 교사가 있다. 이것이 학급에서의 배움 상황으로 바로 연결된다. 또 온 작품 읽기 등의 독서 교육, 거꾸로 교육 등의 새로운 사조, 놀이 교육, 환경 교육, 문화 예술 교육에 관한 관심이 깊은 교사도 있다. 이렇게 다양한 교육 철학과 방법들이 교육과정에 적용될 수 있다. 이때 학급의 구성원이 바뀌지 않는다면, 긍정적인 교육 철학 혹은 방법이라는 전제하에 작년의 학생들을 그대로 다음 학년으로 데리고 갈 수 있어, 연속성이 생긴다. 새로운 학년을 맡더라도 작은 학교의 특성상 아이들을 지속적으로 봐왔기 때문에 학생들에 대해 어느 정도 알고 새 학년을 준비할 수 있다.

세 번째, 학급에서 사용할 수 있는 예산이 풍요롭고, 사용이 자유롭다. 우리 학교는 혁신학교이며, 작은 학교이다. 작은 학교라서 본예산은 기존의 학교보다 적더라도, 혁신학교예산과 본예산이 더해져 학급에서 사용할 수 있는 예산은 훨씬 많다. 2020년 학년교육과정 운영비는 본예산과 혁신예산을 합하여 200만 원이고, 학급운영비는 50만 원이다. 학교 예산으로만 학급당 250만 원을 교육과정 운영을 위해 쓸 수 있다. 이는 교육과정을 계획하고, 운영하는데, 강사 초빙, 체험학습 계획과 운영, 교과 교육의 운영 시에 큰 도움이 된다. 예산을 문제로 하고자 하는 프로그램을 운영하지 못하는 어려움은 없다. 물론, 모든 작은 학교가 이렇지는 않을 것이다. 학교마다 관리자를 비롯한 구성원 사이의 합의와 행정실과의 관계, 혹은 교사의 발언권의 차이로 다를 수 있다.

3) 작은 학교 교육과정의 어려운 점

작은 학교의 어려운 점도 있다. 첫 번째는 때때로, 그리고 자주 외롭고 어렵다는 것이다. 나의 경우 동학년이 없는 어려움은 교육과정을 계획하면서부터 시작되었다. 모든 것을 혼자 해야 했다. 큰 학교에서만 있다가 작은 학교로 온 경우, 혼자 교육과정을 작성해야 한다는 게 큰 부담이 되었다. 함께 이야기할 동학년이 없기에 시작부터 어려웠다. 그러다 보니 첫해에는 전년도의 교육과정을 그대로 따라 하게 되었다. 그때부터 4학년만 3년간을 했다. 하지만 아쉽게도 만족할 만한 교육과정을 만들어 내지 못했다. 이전의 혁신학교에서는 재구성한 학년교육과정을 변주하여 운영하는 동학년 선생님들을 보고, 서로 이야기하면서 나의 성장을 이루어 왔다. 하지만 작은 학교에서 이런 방식의 교육과정 운영은 기대하기가 어려웠다. 지금까지 봐왔고, 해왔던 교육을 정리하여 펼쳐내는 방식으로 교육과정을 운영했다. 물론 다른 학년의 선생님들도 있지만 같은 학년이 아니라 도움을 주고받기에 어려움이 있었다.

두 번째는 역설적으로 중앙집권식의 교육과정이라는 점이다. 위에서 언급한 대로 동학년이 없고, 교사 개개인의 역량이 곧 교육과정이 된다. 지나치게 개별적인 교육과정이 될 수 있기에 학교 전체에서 고정하여 운영하는 내용이 많아진다. 학년교육과정의 역할을 학교교육과정이 대신하게 되는 것이다. 이 과정에서 학급교육과정이 굉장히 경직되는 경우가 생긴다.

광주북초의 경우도 마찬가지지만 대부분의 작은 학교들은 학교 규모가 줄어드는 과정에 있다. 광주북초처럼 분교에서 본교로 승격이 되는 과정은 보기 드문 경우였다. 작은 학교들은 살아남기 위해서라도 특별한 교육과정을 운영하게 되었다. 대체로 그것은 문화예술교육과 도전 활동으로 많이 나타났다. 문화예술 활동은 전교생이 1인 1악기로 클래식 악기를 배우고 관현악단의 공연을 하거나, 전통 악기를 배워 연주했다. 도전 활동은 자전거나 도보를 이용한 생태 탐방이었다. 다음은 광주북초 교육과정의 일부분이다. 표에서 보이는 것과 같이 특별한 교육과정을 방만하게 운영하다 보니 담임교사가 자율적으로 운영할 수 있는 재량 시간이 거의 없고 외부 강사에 의존하는 시간이 전 학기에 걸쳐서 매일 매일 빽빽하게 들어차 있다. 아이들은 행사가 많은 어느 주, 어느 날에는 담임교사를 한 번도 보지 못하고 하교할 수도 있다. 학급교육과정을 풍성하게 펼칠 수 있는 여건에서 학교교육과정이 이를 막는 이상한 모양새가 되는 것이다.

[2017학년도 광주북초 교육계획 중 일부]

(1) 주요 활동

	1-2학년 군	3-4학년 군	5-6학년 군
문화 예술 교육	◆ 꼬마 연주가 프로젝트 - 오카리나(1학년), 우쿨렐레(2학년) ◆ 꼬마 공예가 프로젝트	◆ 1인 1악기 연주 프로젝트 - 가야금, 소금, 사물놀이, 바이올린, 젬베 ◆ 공예가 프로젝트 - 꼬마 공예가 프로젝트 연계(운영 시간 동일)	
	◆ 지역문화유산(용전들 노래) 전수 프로젝트		
도전 활동	◆ 1학년 - 지역 사랑 사계절 마을길 걷기 - 4km 완주하기(계절별 1km) ◆ 2학년 - 지역 사랑 사계절 마을 길 걷기 - 8km 완주하기(계절별 2km)	◆ 3학년 - 수영 체험(자유형 익히기) ◆ 4학년 - 수영 체험(배영 익히기)	◆ 5학년 - 빙상 체험(스케이팅 익히기) ◆ 6학년 - 빙상 체험(스케이팅 즐기기) ◆ 자전거로 떠나는 수학여행 - 영산강 종주 생태·역사 탐방 - 1박 2일(관련 교과 16)
자존감	◆ 춤명상	◆ 연극	◆ 비폭력 대화
환경 생태	◆ 텃밭 교육		

(2) 운영 일정

구분	프로그램	학기	운영일	횟수(시간)
자존감 향상	춤명상 (1, 2학년)	1	4/6, 4/13, 4/20, 4/27, 5/11, 5/18, 5/25, 6/8, 6/15, 6/22, 6/29, 7/6	12(24)
		2	8/31, 9/7, 9/14, 9/21, 9/28, 10/12, 10/19, 10/26	8(16)
	연극 (3, 4학년)	1	5/11, 5/18, 5/25, 6/8, 6/15, 6/22, 6/29, 7/6	8(16)
		2	9/7, 9/14, 9/21, 9/28, 10/12, 10/19, 10/26	7(14)
	비폭력 (5, 6학년)	1	4/6, 4/13, 4/20, 5/11, 5/18, 5/25, 6/8, 6/15, 6/22, 6/29	10(20)
		2	9/7, 9/14, 9/28, 10/12, 10/19	5(10)
문화예술	공예 1-2학년	1	4/25, 5/2, 5/16, 5/23, 5/30, 6/13, 6/20	7(14)
		2	8/29, 9/5, 9/12, 9/19, 9/26, 10/10, 10/17, 10/24	8(16)
	공예 3-4학년	2	11/7, 11/14, 11/21, 11/28, 12/5	5(10)
	공예 5-6학년	1	6/27, 7/4, 7/11, 7/18, 7/25	5(10)
	바이올린, 가야금, 소금, 젬베, 사물놀이 (3-6학년)	1	4/25, 5/2, 5/16, 5/23, 5/30, 6/13, 6/20, 6/27, 7/4, 7/11	10(20)
		2	8/29, 9/5, 9/12, 9/19, 9/26, 10/10, 10/17, 10/24, 10/31, 11/7	10(20)
	오카리나 (1학년)	1	4/3, 4/10, 4/17, 4/24, 5/8, 5/15, 5/22, 5/29	8(16)
		2	9/4, 9/11, 9/18, 9/25, 10/16, 10/23, 10/30	7(14)

	우쿨렐레 (2학년)	1	4/3, 4/10, 4/17, 4/24, 5/8, 5/15, 5/22, 5/29	8(16)
		2	9/4, 9/11, 9/18, 9/25, 10/16, 10/23, 10/30	7(14)
	용전들 노래 (전 학년)	1	4/7, 4/14, 4/21, 5/12, 5/19, 6/9, 6/16, 6/23	8(24)
		2	9/1, 9/8, 9/15, 10/13, 10/20, 10/27, 10/31	7(21)
환경생태	생태 텃밭 (전 학년)	1	3/15, 3/22, 4/5, 4/19, 5/10, 5/24, 6/7, 6/21, 7/5	9(18)
		2	9/27, 10/11, 10/25, 11/8, 11/22, 12/6	6(12)
도전활동	마을 길 걷기 (1~2학년)		4/11(봄), 6/5(여름), 10/18(가을), 11/24(겨울)	4(8) 4(16)
	수영체험 (3~4학년)		7.17.~7.26.(8일간)	8(16)
	빙상체험 (5~6학년)		7.19.~7.21.(3일간) ※ 6학년 : 7.21(1일간)	3(12) 1(4)
	자전거 수학여행 (5~6학년)		9.21.~9.22.(2일간)	2(16)

　마지막으로는 학생들 관계의 문제와 교육환경의 열악함. 그리고 교직원 구성의 문제다. 한 학년의 학생들이 1학년부터 6학년까지 6년간 구성원이 바뀌지 않고 계속된다는 것은 어찌 보면 너무나 아름다운 일이다. 일반 학교에서 학생들은 1년마다 친구들이 바뀌어 새롭게 친구들을 사귀어야 하고, 교사에 적응하는 시간도 필요하다. 관계 맺기에

어려움이 있는 학생은 두려움이 크다. 작은 학교에서는 새로운 관계 형성에 대한 어려움은 없다. 하지만 다른 형태로 문제점이 나타난다.

처음 4학년을 맡게 되었을 때, 두 아이가 싸워 그 이유를 물으니, "1학년 때, 뭐시기가 나를 놀리고 때렸어요."라고 했다. 옛날 일로 싸우지 말라 했지만, 시시때때로 그 둘은 싸웠다. 아니 한 아이가 다른 아이를 괴롭혔다. 아마 1학년 때는 지금 싸움을 거는 아이가 몸집도 더 작고, 힘도 약했지만, 4학년이 되니 몸이 더 커지고, 힘도 세져서 서로의 관계가 역전이되지 않았나 싶다.

아이들의 기억력은 좋지 않다. 어제 배운 것도 잊어버린다. 아니 아이들은 기억력은 좋다. 멀리 가면 5년 전 유치원에서의 일도 끄집어낸다. 물론 억울한 아이가 말이다. 구성원이 섞이지 않으니, 쌓이는 일이 많아졌다. 억울한 일이 많다.

또 1학년 때 이상했던 애는 6년간 계속 이상한 애가 되기 쉬웠다. 새로운 친구들을 만나야, 모르는 새로운 선생님을 봐야 지난 과거를 잊고, 새로운 모습을 보여줄 것인데 그렇지 못하니 보다 긍정적인 새로운 모습을 보이거나, 지금의 내 모습을 인정하고 나와 주파수가 맞는 친구를 만나기가 어렵다. 그나마 다행인 건 5학년 후반에서 6학년이 되면 아이들의 관계가 조금 안정된다. 친구들이 받아들이는 건지, 다름을 인정하는 건지, 마음이 넓어지는 건지, 그냥 신경을 쓰지 않는 건지 모르겠지만 어느 정도 안정이 된다.

강원도 홍천에 있는 노천초등학교를 간 적이 있다. 공립형 대안학교. 좀 더 정확하게는 민간위탁형 공립 대안학교이면서, 초등학교에서 기숙사 있는 거의 유일한 공립학교다. 추석 연휴의 전날. 어렵사리 시간을 내고 학교에 찾아가 이것저것을 보고, 들으며 기억에 남는 것은 1~3학년까지는 1학급, 4~6학년까지는 2학급을 만들 예정이라는 것이었다. 작은 학교 학생들의 관계 형성에 관한 문제의식에서 나온 나름의 방안이었을 것이다.

작은 학교는 기본적으로 교사에게 어려움이 있는 학교다. 아이들도 익명으로 숨기에 어렵지만, 교사도 마찬가지다. 어떤 학부모는 아이들을 10년을 넘게 보낸다. 광주북초의 학부모로 10년 이상을 살게 된다. 형제, 자매가 2개 학년, 3개 학년에 걸쳐 있다 보면 자연스레 교사를 비교하게 된다. 학부모의 학교 참여가 활발한 학교여서 이러한 비교가 자연스레 공유된다. 그러다 보니 교사로서는 여러 형태로 비교가 되고 예상치 못했던 모습까지 더욱 잘 드러나게 되는 어려움이 있다. 큰 학교를 선호했던 과거에 비추어 볼 때, 이런 작은 학교는 인기가 없었다. 이렇게 교사가 기피하는 학교를 위해서 승진 점수라는 게 있었다. 농어촌 학교 점수. 소규모 학교 점수. 그래서 광주북초는 나 같은 어중이떠중이가 오기 어려운 학교였다. 야망이 있고, 실적이 있는 교사들의 승진코스와 같은 학교였다. 무슨 무슨 점수가 있어야 올 수 있는 학교. 그런데 이러한 야망들은 작은 학교를 살리려는, 혹은 작은 학교여서 선택한 학부모들의 바람과는 어긋났으리라 생각이 든다. 옳고, 그른 문제가 아닌 교육을 바라보는 눈이 다를 수 있었다. 그래서 광주북초는 교사의 교육과정과 학부모의 교육과정. 이렇게 2개의 교육과정이 함께 어우러지는 학교였다. 아니, 분리되어있는 학교였다.

03
작은 학교 학부모

1) 아이들과 같이 다니는 학교

북초 학부모들이 모이면 우스갯소리로 아이가 학교에 다니는지 내가 학교에 다니는지 모르겠다고 자주 말한다. 이는 학교 행사에 강제적으로 학부모들이 동원된다는 의미가 아니라 학부모의 선택으로 아이를 북초에 보냈으니 학교의 활동에 관심을 가지게 되고 이는 자연스럽게 아이들에게 도움을 주고자 하는 맘으로 연결되어 학교 행사에 적극적으로 참여하게 된다는 의미이다. 외부에서는 '북초 학부모는 드세다, 치맛바람이다'라는 말이 간간이 들려 오기도 하지만 천만의 말씀, 내가 지켜본 바에 의하면 북초 학부모들은 학부모 행사에 기꺼이, 즐거운 마음으로 순수하게 즐기는 사람들이 더 많았다. 학교의 간섭을 받지 않고(물론 학교의 적극적인 지지와 아낌없는 지원은 있었음) 오로지 학부모들에 의해 움직였던 활동에는 가족 캠프, 전래놀이 동아리인 놀땅과 전 학년 책 읽어 주기가 있다.

(1) 가족캠프

언제부터 시작했는지는 정확히 알 수 없다. 다만 재학생 학부모가 신입생 학부모에게 입에서 입으로 전설처럼 내려오는 이야기에 의하면 북초가 분교였을 때 전교생이 20~30명 정도였던 시절로 거슬러 올라간다. 이때는 누구 집에 숟가락, 젓가락이 몇 개더라 하고 알 만큼 전교생이 친밀했고, 이러한 친밀감의 표현으로 가족들끼리 모여서 학교에서 텐트를 치고 운동장의 별을 헤아리면서 잠이 드는 그런 낭만적인 모임이었다. 솥을 걸고 고기도 구워, 내 아이 남의 아이 할 것 없이 모두 모여 밥을 해 먹었고, 밤이 되어 출출할 때면 감자며 옥수수를 삶아내어 도란도란 이야기꽃을 피웠던 그런 조촐한 행사였다. 이런 것이 보기 좋아서 아이들을 북초에 보낸 학부모가 있을 정도로 학부모와 아이들 사이에서 폭발적인 인기가 있는 행사였다. 학교 규모가 커지고 학생 수가 늘어감에 따라 조촐한 가족 캠프는 부피가 커졌고 매년 이에 대한 부담감이 논의되었다.

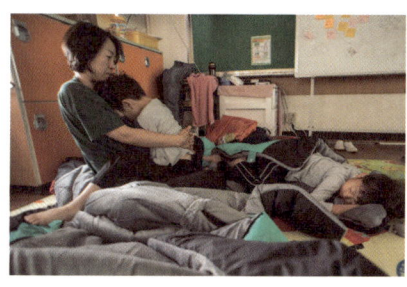

하지만 가족 캠프는 진짜 북초 행사의 꽃이다.

아이들은 일 년에 단 한 번뿐인 가족 캠프 장기자랑에서 춤을 추기 위해 일 년 내내 연습하고, 아나바다 장터에서 물건을 팔기 위해 한 해 동안 물건들을 모은다. 또한, 아이들 스스로 저녁 메뉴를 정해서 재료를 손질하고 저녁밥을 만들어서 가족 캠프에 오신 학부모들에게 대접한다. 깜깜한 하늘을 배경으로 영화를 보고 친구들과 야식 서리도 하다가 그렇게 잠이 든다. 다음 날 아침은 아빠들이 만들어 주신 아침으로 배를 채우고 교실이며, 복도며 할 것 없이 학교를 탈탈 털어 대청소하고 캠프는 막을 내린다. 학생 수가 점점 늘어나면서 이 가족 캠프도 이어가기가 힘들지도 모르겠다는 생각이 든다. 언제가 마지막이 될지도 모르는 이 순간의 즐거움을 최선을 다해 누리자 라는 생각이 반, 변화된 다른 형태로 계속 이어져 나갔으면 하는 바람이 반…. 가족 캠프의 운명은 앞으로의 구성원들 생각에 달려 있다고 본다. 하지만 내 아이가 생활하는 교실에서 아이와 부모가 같이 잠이 드는 소중한 경험은 미래의 학부모들도 꼭 해봤으면 하는 간절한 마음이다.

(2) 놀땅

"엄마, 오늘은 학교에 무슨 일로 와?"

"응, 엄마는 학교에 놀러 가~"

얼마나 얄미웠을까? 아이는 학교에 공부하러 가는데 엄마는 놀러 간다니…

그런데, 사실이다. 정말 엄마는 학교에 놀러 간다.

2015년 학부모 교육의 하나로 전래놀이 수업이 잡혔다. 단기에 끝나는 다른 교육과는 달리 장장 6회에 걸쳐서 하기에 심적으로나 시간적으로나 부담감이 큰 장기 교육이었다. 처음에는 아이들과 놀아 주고는 싶은데 노는 방법을 몰라 답답해하던 엄마들이 모였다. 왜, 오셨어요? 하는 첫 물음에 이구동성으로 내 아이와 놀아 주려고요 라고 대답했다. 한 번 놀아 보고, 두 번 놀아 보고, 자꾸 놀아 볼수록 내 아이와 놀아 주려는 마음은 가라앉고 엄마들이 너무 즐거웠다. 어린 시절 미친 듯이 놀았던 놀이가 몸이 먼저 알아 반응했고, 지방마다 다른 놀이 이름을 대며 깔깔거리는 것도 재미있었고 교육이 진행되는 동안 아무 생각도 없이 정말 미친 듯이 놀았다. 놀고 싶어 아침밥도 든든하게 먹었고, 중간에 기력이 달릴까 봐 간식도 꼬박꼬박 챙겨서 먹었다. 우리들이 운동장에서 재미있게 노는 것을 보신 학교 선생님이 옆구리를 찌르면서 "아이들과도 놀아 주시면 안 돼요?"라고 넌지시 물어오셨다. 이렇게 노는 재미를 아이들도 알았으면 하는 우리들의 바람과 맞물려서 우리는 놀땅이라는 놀이 동아리를 만들어 20분의 중간 놀이 시간에 아이들과 놀기 시작했다.

처음에는 두려웠다. 내 아이도 힘든데 다른 아이들을 통째로 만난다니...

용기를 낸 엄마들 덕분에 우리는 20분의 놀이 시간을 40분의 놀이 시간으로 늘릴 수 있었고(물론 아이들의 전폭적인 지지가 있었음) 아이들과 놀면서 나름 놀땅의 불문율 같은 것도 만들 수 있었다. 전교생을 대상으로 하기에 어느 학년에는 꼭 내 아이가 있는 상황, 그래서 놀땅은 상피제도처럼 자기 아이가 있는 학년에는 절대 들어가지 않는다는 묵시적인 약속이 있었다. 엄마도 내 아이도 편하게 즐겁게 놀자는 목적이었다. 놀이를 하다 보면 자연스레 편을 가르는 경우가 많았다. 편 가르기를 할 때 싸우고 삐지고 하는 상황이 많이 발생하다 보니 편 가르기는 꼭 뽑기로 하였다. 네 편이냐, 내 편이냐는 운명에 맡기고 열심히 놀자는 목적이었다. 놀땅이 중간 놀이 시간에 하는 것에 대해 아이들의 놀 권리를 침해하는 것이 아니냐, 놀고 싶지 않은 아이에게 놀기를 강요하는 것이 아니냐는 우려의 목소리도 있었다. 그래서 놀땅은 아이들에게 놀자고 말은 하지만 '놀아라'라고 하지는 않았다. 놀기가 싫다는 아이, 교실에서 쉬고 싶어 하는 아이에게는 강요하지 않았다. 처음에는 아이들에게 많은 놀이를 알려주고 싶어서 다양한 놀이를 했었는데 놀이는 익숙해지는 것이 중요하다는 것을 깨닫고 전 학년이 할 수 있는 놀이를 지속적으로 했다.

전교생이 최고로 애정하는 놀이는 '다방구'였다. 다방구는 1학년부터 6학년까지 꾸준히 자신 있게 같이 놀 수 있는 놀이였다. 110명이 넘는  전교생이 운동장에 모두 모여 다방구 놀이를 했고 구령대를 기점으로 운동장에 기다랗게 늘어진 줄이란.... 과연 전교생이 모두 모여 놀 수 있는 학교가 얼마나 될까? 숫자의 많고 적음을 떠나 놀이에 대한 공동체의 열정이 만들어 낸 장관이고 감동이었다. 6년 동안 놀땅이 활동하면서 아이들에게는 재미와 엄마들에게는 추억을 선물했지만, 지금은 숨 고르기로 잠시 멈춰 지난날의 놀땅의 활동을 돌아보는 시간을 가지고 있다.

(3) 책 읽기

다른 학교들이 부러워하는 북초 학부모들의 활동 중에 '전 학년 책 읽기'가 있다. 1학년부터 6학년까지 학부모가 매주 자기 아이들의 학년에 들어가 아이들에게 책을 읽어 주는 활동이다. 새 학년이 시작되면 학년 대표는 제일 먼저 학부모들의 책 읽기 요일과 순서 등을 정한다. 책 읽기는 꼭 엄마만 오는 것이 아니라 아빠도 오고, 할머니도 오고, 심지어는 이모, 삼촌도 온다. 이날을 위해 반차를 내고 오신 학부모도 계시고 재미있는 영상을 준비해 오신 학부모들도 계셨다. 아이들은 매주 학부모들이 와서 각양각색의 목소리로 읽어 주는 것이 재미있었고, 학부모들은 우리 아이반 아이들을 모두 볼 수 있어서 반갑고 좋았다. 고학년으로 올라갈수록 책 읽기에 대한 부담이 커지자 각 학년의 자율성에 맡기고 운영하게 하였다.

책 읽기와 관련해 학부모 독서회인 책 꾸러미의 활동이 있다. 책 꾸러미는 2주에 한 번씩 왕버들 나무 아래에

돗자리를 깔고 앉아 찾아오는 아이들에게 책을 읽어 주는 활동을 한다. 도서관에서 빌려온 책들을 돗자리에 깔아 놓고 아이들이 책을 골라 오면 읽어 주는 것이다. 따스한 햇살이 나뭇잎 사이로 반짝이고 바람마저 살랑거리면 한 폭의 그림을 보듯 시간이 정지된 느낌이 든다. 운동장에서 뛰어놀다가 잠깐 쉬는 짬을 이용해 책을 들고 오는 열정적인 아이도 있고, 책을 들고 와 읽어 주는 사람을 지정하는 당돌함을 보이는 아이들도 있고..... 참, 재미있는 학교이다.

2) 학부모도 숨고르기가 필요하다

변화의 흐름을 북초도 피해갈 수는 없나 보다. 그동안 북초의 구성원에도 많은 변화가 있었다. 알려지지 않은 작은 학교여서 알음알음 고생하면서 아이를 학교에 보낸 시절이 있었다면 지금은 너무도 많이 노출되고 이름을 타서 그런가, 깊은 성찰 없이 아이를 학교에 보내는 학부모들이 간혹 있다. 아이가 이 학교에만 오면 모든 것이 좋아질 거라는 무조건적인 생각, 이 학교에만 오면 모든 사람들의 이해와 넓은 포용력으로 반겨줄 거라는 생각으로 아이를 북초에 보냈다가 좌절하고 아이를 전학시킨 경우가 간혹 있다. 북초가 지금까지 만들어낸 것들은 기존의 북초 공동체가 제시간을 깎아가며, 노력하여 만든 것들이다. 그들의 노력 없이는 엄두도 못 낼 성과들이다. 하지만 이렇게 만들어진 것들만 보고 와서 힘을 보태지 않으면 기존의 학부모들도 언젠가는 활동에 대한 피로도에 잠식당해 절멸하게 될 것이다. 선배 학부모들이 북초의 자연이 좋아 나무 한 그루라도 지켜내려 했던 마음으로 울창한 학교 숲을 만들었다면 이런 학교 숲이 좋아 아이를 학교에 보낸 다음 세대 학부모는 이 숲을 지키기 위해 끊임없이 학교 일에 관심을 두고 지켜봐야 한다는 것이다. 선배 학부모들이 언제까지 남아 지켜줄 수는 없고 대체적으로 커가는 아이들에 반비례로 학부모들의 학교 방문의 횟수는 줄어든다. 이는 학교에 대한 애정이나 관심이 식은 것이 아니라 다음 학년 학부모들에게 자리를 넘겨주는 것이다. 떠날 우리 아이들보다는 남아 있는 아이들을 더 생각해 주라는 배려인 것이다. 지금의 학부모들이 하는 활동으로는 많은 것들이 있다. 달리는 말에 채찍을 가하면 말이 쉬이 지치듯이 북초 학부모들도 일단 멈추고 숨을 골라야 하는 시기가 온 것 같다. 우리 때와는 다른 학부모들의 모습을 탓하며 분노하기보다는 잠시 멈춰서 현실을 직시하고 이에 따르는 방법을 모색해야 할 때가 온 것이다.

3) 북초에서 학부모로 살기

"학교에 참여하는 활동을 왜 이렇게까지 열심히 하세요?"라는 질문을 받았다. 답을 할 수 없었다. 왜 이렇게까지 하는지 생각해 본 적 없으니까. 그냥… 부모가 자식을 키우듯 당연한 거였다. 질문을 받았으니 생각해 보게 된다.

조금 멀리 가보자면 나는 아이를 키우면서 많이 변했다. 일반적인 부모들이 겪는 과정처럼 좋은 부모가 되고 싶었다. 전엔 눈에 보이는 차별도 외면해버리던 내가 세상의 부당함이 매우 거슬리기 시작했다. 아이가 커가면서 교육에 자연스럽게 관심이 많아졌고 특히 부모님의 직업, 재산으로 평가받던 내 어린 시절의 부당함, 남자라서 여자라서 받던 차별을 내 아이는 받지 않았으면 하는 바람이 커졌다. 둘째가 2학년이 되었을 때 지인으로부터 지산초등학교 북분교장에서 열리는 가족 캠프에 초대받았다. 첫 아이 때 보내고 싶었지만 등하교할 차량이 없어서 포기했던 학교였다. 요즘 보기 드문 넓은 운동장에 나지막한 학교 건물이 포근해 보였던 학교에서 하는 1박 2일 캠프라니. 학부모가 주최하고 학부모가 주관하고 학부모가 모든 걸 하는 이런 학교는 처음 봤다. 흥미로웠다.

그때 콩깍지가 씌었을까. 초저녁 가스 불에 솥을 얹어 밥을 하고 국을 끓여 오는 사람마다 챙겨주고 간식으로 감자, 옥수수를 삶아 나눠 먹던 사람들. 멀쩡한 문이 몇 개 없는 야외화장실 몇 칸이 전부인 학교, 밤인데 작은 조명하나에 변변찮은 마이크 하나로 흙 날리는 운동장 구령대 앞에 삼삼오오 둘러앉아서 장기자랑이랍시고 애들의 학교종이 땡땡땡 수준의 노래를 들으며 박장대소하는 사람들. 전 학년이 모두의 이름을 알고 학부모들이 전 학년 아이들의 이름을 아는 학교. 멋져 보였다. 이런 학교라면 내 아이를 뭐 하는 누구의 아이가 아닌, 그냥 한 아이로 봐주겠구나 싶었다. 이 학교의 교육과정이 어떤지, 선생님은 어떤 분들인지, 어떤 혜택을 받는지 알지도 못했고 알고 싶지도 않았다.(나중에 알고 보니 작은 학교, 농어촌학교라고 지원이 많이 되고 있었다) 그 당시 나는 공교육에 대한 신뢰가 바닥이었던 상태로 대안학교도 알아보던 참이었다. 그 와중에 지산초 북분교(지금의 광주북초)라는 공립학교를 선택하게 된 건 오로지 북초만의 학교 문화를 만든 학부모들에 대한 신뢰였다. 내 아이, 네 아이 할 것 없이 거두는 모습에서 내가 꿈꾸던 교육공동체의 모습을 보았다. 어차피 받아야 하는 공교육이라면 여기에서 받게 하자는 생각이 들었다. 첫 아이를 보내지 못한 아쉬움에 종종 휴일이면 아이들을 데리고 학교에 놀러 가곤 했었다. 인적 드문 그곳에 앉아 있으면 모든 게 내 차지가 된 듯한 느낌도 들었다. 내 아이를 이 학교에 보낼 수 있다는 생각에 설다. 지금은 시간이 지나 공감대도 달라지고 학생 수가 많아지며 그 시절 이야기는 호랑이 담배 피우던 시절이 되었다. 언제까지나 '웰컴 투 동막골'처럼 순수할 수만은 없는 것이니까. 나는 이 학교에서 이런 추억을 가진 마지막 세대쯤 될 것이다. 이런 학교가 하나쯤은 계속 있었으면 하는 간절한 바람, 학생보다도 학교에 애착을 보이는 학부모들, 이 학교에서 받은 따뜻한 기억을 다른 사람들도 가졌으면 하는 마음, 그런 것들이 나를 "왜 이렇게 까지"하게 하는 거라는 생각이 든다.

4) 광주북초 적응기

사실 작은 규모의 가족 같은 분위기는 반대로 생각하면 나 같은 전학생 부모에게는 매우 배타적이라고 할 수 있다. 그래서 작은 학교가 반드시 좋은 것만은 아니다. 참 복잡하고 다사다난한 역사를 지닌 학교인 만큼 이미 유대관계가 깊게 형성된 구성원들 사이에 들어가기는 쉽지 않은 일이다. 서로 다른 가치와 철학을 가진 학부모들의 보이지 않는 충돌로 종종 살얼음판일 때가 있었다. 작은 학교 살리기로 전·입학을 권하던 시기였지만 새로운 구성원이 생겼다고 해서 섣불리 두 팔 벌려 환영하지 않았다. 다른 교육 철학을 가진 구성원들과 수없이 부딪혔었던 경험이 있는 학부모들은 또 그런 일이 일어나는 걸 원하지 않았다.

그래서 내가 이 학교에 아이를 보내면서 선택한 건 기다림이다. 물론 처음엔 나도 속으로 초조했다. 보기와는 다르게 나와 내 아이와 맞지 않으면 어떡하나, 나만 빼고 자기들끼리 뭔가를 공유하는 건 아닐까, 내 아이만 빼고 다들 어울려 노는 건 아닐까. 언젠가는 아이가 친구 때문에 힘들다며 울면서 학교 안 가겠다고 한 적도 있었다. 가슴이 철렁한 순간이었다. 내 선택이 아이를 힘들게 한 건 아닐까. 운명 같다고 생각했던 학교였지만 뭐하나 쉽지 않았다. 하지만 나처럼 적응한 사람도 있고 물과 기름처럼 겉돌다 가버린 사람도 있고 아이들끼리 끝내는 융화 되지 못해서 떠난 사람도 있다.

작은 학교라고 해서 다른 학교에서 있을 수 있는 왕따, 편 가르기, 다툼 같은 것들이 다 없어지는 것도 아니고 모든 사람을 품는 것도 아니다. 하지만 기존구성원들의 친절한 한마디 한마디가 쌓여 기다림에 여유가 생겼다.

그렇게 나는 북초의 학부모가 되었다. 무슨 학부모 되는 게 그리 어렵다고, 애가 학교 다니면 다 학부모 아니냐고 할 것이다. 하지만 북초에 아이를 보냄으로 진짜 학부모가 되는 걸 배웠다, 아니 아직도 배우고 있다. 애를 낳는다고 다 부모가 아닌 것처럼.

가끔 집 앞의 공립학교를 보내는 지인들과 얘기를 하다 보면 광주북초를 사립학교나 대안학교쯤으로 생각하는 사람들이 있다. 가까운 집 앞의 학교를 마다하고 멀리 있는 학교를 선택한 유별난 학부모들이 모인 학교. 맞다. 그만큼 광주북초의 교육문화가 독특한 모양이다.

5) 숨 고르기

한때 학부모와 학부모 간, 학부모와 교사 간 교육 철학 차이로 마찰이 있었던 시절이 있었다. 이 시기가 지나고 안정이 되자 학부모들 사이에선 교사의 교육권을 침해하지 말자는 암묵적인 약속을 하게 되었다. 이 전에는 학부모들이 교사의 수업에 대한 간섭이 많았다고 들었다. 솔직히 말해서 교육자라는 이름의 위선자들이 얼마나 많았던가. 내 초등부터 고등까지 선생님 면면을 돌이켜보면 선생님이라고 부르고 싶은 사람이 다섯 손가락도 채우지 못한다. 어쨌든 약속으로 인한 교권존중 아래 학교와 선생님, 학부모는 원만한 관계가 유지됐다. 학교와 선생님이 도움을 요청하면 학부모들이 적극적으로 호응하며 기꺼이 시간을 냈고 그것이 학부모참여라고 생각했다.

이 학교에 아이를 8년을 보내는 동안 4년은 학교에서 도우미 하실 분~하면 손들고 가서 도와주는 것이 다였다. 그래도 4년이 헛되진 않았는지 학교에 대해 조금씩 더 많이 알게 되고 손을 좀 더 많이 보태가고 있었다. 즐거웠다. 아이의 학교생활과 나의 학교 참여는 별개였다. 나 하나 손 보탬이 학교에 도움이 되고 아이들이 즐거울 수 있다면 그걸로 됐고 만족스러웠다. 내 아이, 네 아이 나누어서 생각해 본 적이 단 한 번도 없었다. 그냥 모두 우리 아이였다, 나한테는. 내가 누군가의 아이를 기꺼이 돌보면 누군가도 내 아이를 기꺼이 돌볼 것이라는 믿음이 있었다. 하지만 그런 품앗이하는 마음은 갈수록 퇴색되어 갔다. 세월이 흐르며 기꺼이 시간을 내던 학부모들은 점점 힘들었으며 참여하지 못하는 학부모는 소외당한다고 불만이었고 어떤 선생님들은 학교에 과한 간섭을 한다며 학부모의 학교 출입을 꺼렸다. 우리 학교 학부모참여는 졸업생 부모가 빠지게 되면 신입생 부모가 그 자리를 채우며 자연스레 세대교체가 이루어지는 구조다. 그런데 갈수록 맞벌이하는 가정이 많아지며 학교에 손을 보탤 수 있는 학부모가 적어졌고 매번 학교 참여를 하는 학부모는 쉴 틈 없이 활동했다. 텃밭 수업, 전래놀이, 진로 캠프, 과학 캠프, 가족 캠프, 학부모 교육, 학부모동아리, 운동회 등 학부모가 참여하는 학교 활동은 수도 없이 많았다. 많은 학부모가 참여하는 것 같지만 자세히 들여다보면 매번 활동하는 사람이 하고 있는 것이다. 그래서 요즘 젊은 부모들은 품앗이를 안 한다며 혀를 쯧쯧 차곤 했다. 하지만 학교 건축을 통해 학생, 교사, 학부모 워크숍을 거듭하면서 선생님도 학부모도 학생도 너무 많은 교육과정에 지쳐가고 있다는 걸 알게 됐다. 처음엔 아이들에게 이것도 해주고 저것도 경험하게 하는 것이 좋아서 시작했던 활동들이 나중에는 으레 해야 하는 의미 없는 보여주기식 활동이 돼버린 것이다. 광주북초 학교 건축은 엎어진 김에 쉬어간다고, 모든 활동을 잠시 쉬면서, 학교 구성원들이 바뀌어도 바뀌지 않았으면 하는 학교 철학이 무엇인지 다시금 돌아보는 계기가 되었다.

광주북초 공동체참여설계 과정
2016-2018-2019-2020

| 준비 | 1기 디자인 워크숍 | 설계자 선정 | 2차 디자인 워크숍 | 시공 |

- 실시설계
- 변경내용 사용자 협의
- 시공사 입찰공고 및 선정

- 2016 광주북초 증·개축 위원회 결성
- 2017 학부모 교육 3회 (건축 교육 어린이 공간디자인 P_P.Y 홍경숙)
- 2018 예산안 확정 (신축을 위한 52억)
- 2018 사례 청취 및 시설 탐방, 전문가 면담
- 2018 광주광역시교육청동부교육지원청시설과 협의, 광주시교육청 정책교육과 교육혁신과 협의
- 2018 광주북초 정책연구용역 제안 "사용자참여형 학교 디자인을 위한 인프라구축"
- 2018 학교건축기본계획 수립을 위한 예산 교부
- 2018 광주북초 학교건축가 전문가 그룹 협약 체결

- 설계자 디자인 공모안 설명회
- 2차 디자인 워크숍

사용자 워크숍 (내·외부 공간)	학생] '자연, 배움, 쉼, 놀이' 중심 실별 관계와 내부 구상 교사] 북초교육철학 중심 실별 관계 내부 구상 학부모] 교육공동체 중심 실별 관계 내부 구상 교직원] 소통업무 중심 실별 관계와 내부구상
협의회 (2회)	배치안 확정 의견반영 내외부 설계안 의견 제시 및 협의
색채 및 주요 자재	북초의 색과 질감 사례 이미지 꼴라쥬, 샘플 자제 특성을 살펴보기 위한 공간
협의회 (2회)	색채 및 내외부 주요자재, 세부사항에 관한 협의 보완 및 조정사항 협의
공유회	새로운 광주북초 공간을 활용한 교육운용 방안 토론

- 설계자 공모 방향 협의
- '제안 공모' 공고 및 현장 설명회 실시
- 심사 및 설계자 선정

학생 워크숍(6회)	교사 워크숍(4회)	학부모 워크숍(3회)	학교관계자(1회)
배움형태와 미래학교상 협의	광주북초 배움지 항점 합의	아이와 함께하는 삶과 활동을 담은 지 항점 협의	소통이 있는 효율적 업무환경 지향점 협의

- 공유회-협의안이 반영된 학교공간 방향성, 공간프로그램, 공간관계 설정
- 1차 보고서 완료

02

공동체 참여설계의 어려움

01 학교는 원래 그렇게 지어진다
02 완벽한 동상이몽
03 사람을 만나다
04 움직여라 광주교육

01
학교는 원래 그렇게 지어진다

　2018년, 대한민국에서 학교공간이 이렇게까지 이슈가 된 적이 또 있었던가? 유현준 교수님의 말 중에 "학교는 교도소다", "양계장에서 독수리는 나오지 않는다."라는 말이 어딜 가나 화제였다. 공간을 이해하기 위해서는 그 공간이 어떤 가치와 관점에 의해 만들어졌고 사람들이 어떻게 살고 있는지를 따져 봐야 한다. 학교는 군대와 닮았다. 연병장처럼 생긴 운동장, 조회대, 네모난 생활관, 급식실까지 학교는 아이들이 배우고 성장하는 곳이라고 생각하기보다는 훈련시키고 관리하고 통제하는 곳이라는 생각이 잠재되어 있다. 교실 역시 교사가 아이들을 관리하고 통제하기 쉬운 구조로 되어있다. 선생님의 책상은 앞쪽 한가운데를 차지하고 앞쪽에 있는 칠판을 중심으로 모두 앞을 볼 수밖에 없게 되어있다. "규율은 복종되고 훈련된 신체, 순종하는 신체를 만들어낸다"라는 푸코의 말처럼 아이들은 가장 말랑말랑한 12년 동안 이런 것들을 학교공간에서 자연스럽게 습득한다.
　하지만 학교공간을 교도소라고 표현한다면 여기에 사는 나는 왠지 서글퍼진다. 학교가 정말 감옥 같은 곳인가? 공간구조는 그럴지 몰라도 나는 아니라고 말하고 싶다. 어릴 적 나의 학교, 교사인 내가 살고 있는 나의 학교. 지금 우리 아이들의 살고 있는 학교. 모두 낡고 여전히 예전과 같은 형태이지만, 지금 시대의 학교공간이 지금 사회의 변화나 요구사항, 소중한 삶의 가치를 담아내고 있지 못할 뿐 아이들과 이야기하며 학교를 둘러보면 곳곳에 많은 추억과 이야기가 담겨 있다. 학교는 과거의 우리, 그리고 지금의 우리, 앞으로의 우리를 있게 해준 삶터이다. 그래서 지금이라도 아이들의 삶이 녹아드는 곳으로, 다양한 배움의 가능성을 열어줄 학교공간을 고민할 수 있다는 것은 참으로 다행스러운 일이 아닌가 싶다.

2018년, 광주시교육청에서는 학교는 민주주의 배움터라는 생각으로 학생들이 직접 전문가의 도움을 받아 학교공간을 바꾸어 가는 학교공간혁신 아.지.트 프로젝트[1]를 시작했다. 광주북초가 지난 몇 년간 학교 하나를 만들기 위해 고군분투하고 있었으나 항상 제자리걸음이었기에 공간혁신프로젝트는 눈이 번쩍 떠질 만큼 신선한 이야기였다. 몇 달 뒤 서울특별시의 5년에 걸친 학교공간마스터플랜을 들으며 광주에 우리가 생각하는 이런 학교 하나쯤은 있었으면 좋겠다고 생각했던 것 같다.

하지만 막상 현실은 '학교를 짓고 싶다.'라는 생각을 한 순간부터 질문의 연속이었다. "왜 학교 건물을 지을 때 사는 사람들의 의견을 묻지 않는지", "왜 학교건물은 다 똑같이 지어야만 하는지", "왜 아이들이 사는 건물을 가격입찰방식으로 짓는지", 의문투성이의 회의를 하고, 관련 기관에 질의하면 언제나 돌아오는 답은 "학교는 원래 그렇

---

[1] "아(아이들의).지(지혜를 모아).트(Try)하다."라는 뜻으로 학교는 민주주의의 배움터이자 학생들의 공간이라는 철학으로 학교교육과정과 연계한 학교공간 재구성을 통해 민주주의를 경험하고 참여와 소통의 가치 실현으로 학생중심교육을 실현코자 하는 광주광역시 공간혁신 프로젝트이다.

게 지어진다."였다.

학교를 좀 더 좋게 지을 수는 없는 것일까? 학교를 더 좋게 만들고 싶지만 다른 학교와의 형평성 때문에 이렇게밖에 지을 수 없다. 라는 이야기를 듣게 되었다. 30년 전만 해도 학교가 마을에서 가장 좋은 건물이었다. 하지만 지금은 아니다. 사회가 변하고, 일하는 방식도 변하고, 전과 달리 삶의 수준은 높아졌지만, 학교는 30년 전이나 지금이나 여전히 우리가 아는 그 모습이다. 왜 학교 간에 차이가 있으면 안 되는 것일까? 왜 학교는 아이들이 있는 곳임에도 불구하고 따뜻한 공간으로 만들 수 없는 것일까? 예산이 없기 때문에 지금보다 더 좋은 학교를 만들 수 없다는 논리. 다른 학교와의 형평성을 생각해 유별나게 이 학교만 그렇게 지을 수 없다는 논리.

'학교시설 표준 설계도'에 따라 학교를 건축하는 일은 1992년 이후 사라졌지만 이러한 교실의 크기나 형태는 아직도 유지되고 있으며, 여전히 예산은 같은 방식으로 내려와 관행에서 벗어날 수 없다. 시공단가는 교도소보다 낮으며 설계비는 여전히 턱없이 적다. 교육에 대한 투자는 미래에 대한 투자임에도 우리는 그간 이 부분을 너무 소홀했던 것이 아닐까? 적은 예산에 적당히 맞춘 설계, 그렇기 때문에 여전히 학교 건축은 변하지 않은 채 그대로다. 어떤 이유든 시간과 노력과 비용이 들어가지 않으면 좋은 학교는 만들어질 수 없다. 정성이 깃든 학교가 하나 있는 것만으로도 앞으로 우리 아이들이 사는 시대에는 좀 더 좋은 학교가 곳곳에 생길지도 모른다.

"학교를 만들어가는 주인공은
그 안에서 삶을 살아가는 학교교육공동체인 학생, 교사, 학부모입니다.
우리는 학교공간에 대한 아이디어를 제공하는 것에 그치지 않고
광주북초등학교를 학교교육공동체 모두가 운영하는 자발적 참여공간
으로 만들고자 합니다.
이 제안서는 광주북초등학교의 주인공이자 주체가 그곳에서 삶을 만들어가는 교육공동체라는 것에서 출발합니다.
교육공동체가 함께 만들고, 살며 가꾸고, 추억할 수 있는 아름다운 작은 학교."

- 광주북초등학교 학교 증개축 제안서 내용 중 [제안에 앞서]

학교는 개개인이 흩어져 각자가 생각하는 교육을 펼치는 곳이 아니다. 학교는 다양한 구성원이 모여 공동체 안에서 구성원이 함께 교육에 대한 방향을 고민하고 실천하는 곳이다. 그렇기 때문에 학교 교육이 가고자 하는 방향을 구성원이 함께 고민하고 철학이 담겨 있는 학교 비전을 세우는 것은 매우 중요하다. 학교 건축 역시 마찬가지이다. 앞으로 학교가 지어지게 되면 길게는 30년까지도 이 자리에 있게 된다. 광주북초는 학교의 철학이 잘 녹아들 수 있는 환경을 만들기 위해 무엇보다 학교건축비전을 세우는 일을 우선적으로 했다.

2017년 겨울에 했던 P_P.Y의 홍경숙 선생님과 공동체가 함께한 워크숍 내용을 바탕으로 학교 건축에 반영되었으면 하는 가치를 키워

드 중심으로 정리했다. 그 결과 연결, 생태, 인권이라는 단어가 결정되었다.

• **학교건축에 담고자 했던 핵심가치**

　광주북초만의 특성이 담긴 학교를 만들고 싶단 마음으로 학교 건축 소위원회와 제안서를 썼다. '우리 학교를 이렇게 지어주면 좋겠다.'라는 제안서. 그리고 그 제안서를 많은 기업체나 건축가, 설계사에게 전달하면 그중 한 명쯤은 사회에 공헌한다는 생각으로 우리가 바라는 설계를 해주지 않을까 하는 작은 희망을 안고 말이다. 제안서 안에는 그간의 과정과 앞으로 지향하는 바를 담았다.

　학교건축비전인 연결, 생태, 인권 중 연결은 광주북초만이 가지고 있는 독특한 키워드다. 폐교 위기의 분교에서 본교로 승격하기까지 학교에 대한 구성원들의 애정이 남달랐다. 야외에 화장실이 있는 오래되고 낡은 아주 불편한 건물이었지만 불편함은 다들 그냥 감수했다. 학교 곳곳 어느 한 곳도 추억이 없는 곳이 없었다. 아이들은 졸업생이 되어서도 학교에 자주 왔다. 학교에 1박 2일 가족 캠프가 있는 날이면 양푼 가득 비빔밥을 받아 학교 교정에서 옹기종기 모여 앉아 재학생들과 함께 밥을 먹었다. 우리는 광주북초를 졸업하고 다시 오더라도 자신의 어린 시절을 회상하고 추억할 수 있는 학교를 바랐다. 현재의 아이들과 미래의 아이들을 이어주고 싶었다. 지난 역사를 다 허물어 버리고 현대화된 건물이 들어서 자연이나 학교 숲이 훼손되거나 지금까지 사랑했던 공간이 아주 다른 형태의 모습으로 달라지는 것을 경계했다. 새로 짓더라도 기존의 건물이나 학교의 아름다운 자연환경과 잘 어우러지도록 짓는 것이 중요했다.

생태 역시 광주북초에서는 중요한 부분이었다. 아이들의 손때가 묻어 반질반질한 배롱나무. 학교를 두툼하게 두르고 있는 대나무 숲은 아이들에게 훌륭한 놀이터였다. 플라타너스는 아이들의 쉼터이자 다양한 배움의 공간이었으며, 학교 정문에서 시작되는 소나무 숲길은 이 학교에 아이를 보내는 이유이기도 했다. 새로운 학교 건물을 세우며 학교 나무들을 절반 이상 베어내야 한다고 이야기를 들었을 때 다들 너무 마음 아파했다. 교육청에서 학교 건축을 위해 학교에 방문할 때마다 "그 학교는 나무 한 그루, 풀 한 포기도 건드려서도 안 된다면서요?"라는 말을 농담처럼 하곤 했는데 우리에게는 그 나무 한 그루가 무척 소중했다. 아이들의 배움과 삶이 자연 안에서 풍요롭기를 바랐기 때문이다.

광주북초는 학생들과 학부모, 교직원 등이 민주적인 의사소통 구조를 가지고 소통하고 함께 가꿔가는 학교다. 5.18 국립묘지가 바로 인근에 있어 인권, 평화, 공동체 정신 등 광주의 정신을 기억하고 계승해야 하는 지역의 책무성을 지니고 있는 학교이기도 했다. 학생들의 놀이와 쉼이 보장되고 배움이 언제든지 일어날 수 있는 학교, 지역의 역사를 기억하고 계승하며 유지할 수 있는 학교에 대한 고민을 인권이라는 키워드에 녹여냈다.

우리나라에서는 오래된 주택은 허물고 그 자리에 높은 아파트를 지어 올린다. 기존의 역사는 사라지고, 과거의 흔적은 작은 주춧돌 하나만 남는다. 학교 건물 역시 마찬가지이다. 100년이 다 되어 그 지역에서 고유한 역사를 가지고 있는 건물들이 많지만, 기존의 것을 리모델링하여 남기고 보존하기보다는 부수고 새로 짓는 방식을 선택한다. 물론 여기에는 싸게 더 쉽게라는 효율성이 작동한다.

광주북초 운동장 한쪽에도 40년 정도 된 낡고 오래된 빨간 벽돌 건물이 있었다. 세월이 묻어나는 벽돌과 삐거덕거리는 나무문, 색바랜 타일이 있는 이곳은 오랜 정취가 묻어나 포근하고 따뜻했다. 누군가에게는 낡고 오래되어서 허물어버려야 하는 건물이었지만 우리는 이 건물을 무척이나 지키고 싶었다. 결국, 예산상의 문제로 지키지 못했다. 이제는 사진으로밖에 기억할 수 없다는 사실이 못내 아쉽다.

학교가 과거와 현재를 이으며 마을의 풍경으로 오래오래 그 자리에 머물러 있으면 좋겠다.

02
완벽한 동상이몽

1) 첫 단추는 잘 못 끼워졌다

　2017년 8월 도서실에서 동부교육지원청 주최로 증개축 설명회가 처음 열렸다. 2015년 학생 수 증가로 분교에서 본교로 승격되면서 광주시교육청이 12학급 규모의 재배치를 약속했으나 이행되지 않고 있었고 이 때문에 시설 지원 투자는 계속해서 미뤄지고 있었다. 예산을 지원받아 건물을 보수하거나 비품을 교체하지 않았다. 광주북초에는 세 개의 별도 건물이 있다. 1960년대 지은 낡은 박공지붕의 작은 건물을 유치원과 돌봄교실로 사용했고 1980년대 지어진 긴 복도의 전형적인 학교 건물에는 6개 학년의 교실 6칸과 도서실, 컴퓨터실이 있다. 본교로 승격되면서 2015년에 임시로 놓인 2층 컨테이너에는 교무실과 교장실, 행정실이 있고 학부모 총회나 학생 아띠모임(전체 모임), 가끔 실내 체육시설로 사용되는 다목적 교실이 있다. 실내 화장실은 컨테이너가 놓이면서 생겼는데 거리가 멀어서 학생들은 대부분 교실과 연결된 외부화장실을 사용했다. 교실에 있는 책상과 의자는 본교에서 받아 온 것과 분교 시절에 있던 것이 뒤섞여 같은 것이 하나도 없었다. 급식실이 없어서 가까운 거리의 초등학교에 있는 급식 시설을 이용해 배달을 받아서 먹는다. 중앙 현관에 배식대를 차리고 학생들은 교실에서 먹고 교사들은 별도의 휴게실이 없다 보니 방송실에 협의할 때 사용하는 긴 책상을 치워서 밥을 먹는 처지였다. 혁신학교 학급당 학생 수는 23명이지만 전학을 와서 학생 수가 늘어도 교실이 없어 분반을 하지 못했다.

재배치를 기다리는 학교 구성원의 속내도 복잡했다. 12학급으로 학교가 커지게 되면 6학급 작은 학교만이 가질 수 있는 나름의 문화가 없어지지는 않을까, 전혀 어울리지 않는 건물이 생기거나 건물을 짓기 위해 숲의 나무를 베어야 하고 운동장이 줄어들면 어떡하나 걱정도 되었다. 한편으로는 그동안 불편했던 시설이 한 번에 개선될 수 있고 북초의 문화와 특성을 담은 새로운 건물을 만들 수 있지 않을까 하는 기대도 있었다.

동부교육지원청은 설명회에서 12학급 규모 재배치가 아니라 6학급 규모의 증개축으로 바꾸자는 제안을 했다. 이 제안의 배경에는 2015년 이후 학교 학생 수가 별다른 변화 없이 110명 내외로 꾸준히 이어지고 있고 현재 우리나라 인구 변화 통계로 보아 앞으로는 학생 수가 계속해서 줄 것이라는 전망이 있었다. 게다가 12학급 재배치는 예산이 100억 가까이 들어서 작은 학교에 많은 예산을 투자하기가 어렵기 때문에 마냥 기다리게 되거나 사업이 아예 취소될 수도 있다는 것이었다. 앞으로 학생 수가 늘어나는 추이를 보고 만약에 학급 증설이 필요해지면 추가로 증축을 검토해 보겠다고 했다. 설명회에서 설계에 학부모의 의견이 반영될 수 있겠느냐에 대한 질의가 있었는데 학교 구성원의 참여가 가능한 설계를 하는 것이 당연하다고 답변했다. 설명회가 끝나고 학교는 12학급 재배치를 기다릴지 6학급 증개축을 받아들일지 설문조사를 했고 90%가 넘는 찬성으로 6학급 증개축이 결정되었다.

　설명회가 끝나고 학교에서 필요한 실을 결정해 달라는 공문이 왔다. 필요한 실에 대해 가능한 범위도 정해 주지 않았고 면적에 대한 구체적인 설명도 없었다. 학교에 필요한 실은 누가 어떻게 결정하는가? 큰 학교든 작은 학교든 큰 틀의 교육과정의 내용은 같다. 국가가 정해주기 때문이다. 학생 수 규모에 따라 교실의 면적이 줄어들 수는 있지만, 교육과정의 내용만 따지고 보면 이를 운영하는 데 필요한 실과 면적은 같을 것이다. 6학급에 배정된 표준 면적은 얼마일까? 필요한 실은 모두 지어야 하는가? 고민이 많았다. 학교는 고심 끝에 일반적인 학교에서 필요한 모든 실을 만들어 달라고 했고 이것이 받아들여지지 않을 것을 대비해 꼭 필요한 최소 시설을 정하고 그 외 필요한 시설을 우선순위를 정해서 보냈다. 너무 많은 공간을 요구하면 학교 땅에 건물만 가득 차게 될 것이고 그렇다고 꼭 필요한 실이 빠져서도 안 된다. 이 때문에 적당한 면적에 대한 합의가 필요하다. 구성원이 협의해서 필요한 실을 정하고 필요한 실에 따라 전체 건축 면적이 결정될 터인데 거꾸로 되었다. 학교 구성원 내부에서 깊이 있는 논의가 진행되지 못하고 있는 사이 동부교육지원청에서 먼저 필요한 실을 결정했다. 이에 따라 전체 면적이 나오고 예산이 책정되었다.

　2018년 1월 학교 증축 예산이 배정되었다는 말을 전해 들었다. 예산을 살펴보니 설계비와 시설비, 시설부대비를 포함한 금액 51억 2천여만 원. 학교 공동체의 의견을 듣는다고 하지 않았나? 사업비는 어떻게 책정되지? 필요한 실은 무엇이 반영되었는가? 아무것도 알 수 없었다. 여러 경로로 질의를 해보니 예산이 집행되고 입찰을 진행해 버리면 학교가 할 수 있는 일은 아무것도 없다고 했다. 이미 여러 학교에서 학교 건축 과정에 참여해 보려고 시도했다가 절차와 시스템에 막혀서 포기한 사례가 많았다고 했다. 마음이 급했다! 지역교육청 주도로 만드는 학교 건축 과정에 학교 구성원의 의견을 어떻게 반영할 수 있을까? 다른 학교 사례처럼 의견을 제시하고 협의해 볼 새도 없이 모든 것이 진행되어 버리면 어쩌나!

 동부교육지원청에 회의를 요청했고 이 자리에서 설명을 들을 수 있었다. 한 층당 교실 4칸 규모인 3층 건물의 면적에 100명이 배식받을 수 있는 규모의 급식실과 배구코트가 들어가는 강당을 포함해서 예산을 책정했다는 것이다. 학교 구성원과 협의하지 않고 결정된 면적과 예산 때문에 내내 고생했다. 마지막까지 동부교육지원청과 얼굴을 붉히며 논쟁하거나 다툼이 생기게 된 불씨는 여기서 시작되었다. 필요한 공간과 면적을 정하고 이에 따라 예산을 책정하는 것이 학교 건축 과정의 첫 시작이다. 이때부터 학교의 환경과 상황을 살피고 학교 구성원과 구체적인 협의를 하는 것이 어쩌면 가장 중요한 일이다.

 광주북초 사례가 전국에 소개되고 교육부에서 공간 재구조화 사업을 펼치면서 여러 학교에서 문의 전화를 받게 되었다. 울산에 어느 학교 선생님이 전화를 했는데 전화기 너머로도 알 수 있을 만큼 당황한 기색이 역력했다. 공동체 참여형 설계라고 해서 학교 구성원들이 의견을 모아 어느 정도 필요한 시설의 규모와 면적을 정하면 거기에 맞게 예산이 내려올 줄 알았는데 아무것도 없는 상태에서 덜컥 예산부터 내려왔다는 것이다. 너무도 잘 아는 이야기였다. 별다른 해결방법이 없는 것을 알기에 하소연만 들어주었다. 앞으로는 이런 문제점을 해결할 수 있도록 시스템이 바뀌면 좋겠다.

2) 이거 나만 이상한 거임?

"제발 아무것도 하지 말아주세요." 예산이 배정된 것을 알고 동부교육지원청 시설과와 협의를 통해서 제일 먼저 한 일은 예산 집행을 멈추게 하는 것이었다. 이즈음에 학교 건축 소위원회를 만들었다. 교육청과 협의를 통해서 학교 구성원의 의견을 교육청에 전달하거나 반대로 교육청의 의견을 학교 구성원에 설명하는 일을 할 학교 내 기구가 필요했고 교육청과 학교의 협의 창구를 하나로 통일할 필요도 있었다. 학교 건축 전반에 대한 일을 총괄하고 건축 과정에 대한 정보를 수합하는 일도 해야 했다. 2015년에 학교 재배치 논의가 시작될 때부터 학부모를 중심으로 증개축위원회가 있었는데 교사와 동문회를 포함할 필요가 있다고 생각해서 다시 구성하고 학교 운영위원회 내에 소위원회로 만들었다. 학교 건축 소위원회와 동부교육지원청 시설과가 주로 협의했다.

시설과 계획은 우리 학교설계 예산이 너무 적어서 사용자 참여형으로 하기가 어려우니 광주남초등학교와 묶어서 설계를 함께 진행하겠다는 것이었다. 광주남초등학교는 설계비만 5억 1천만 원, 광주북초는 1억 2천 9백만 원이었다. 광주남초등학교와 광주북초의 설계를 묶어서 진행한다고 할 때 우리 학교의 의견을 잘 반영해 줄 것인가 하는 의구심은 뒤로한다 해도 학교가 있는 지역사회도, 건물의 규모도, 학생 수도 모든 것이 다른데 어떻게 같이 진행할 수가 있는가! 우리나라에 있는 모든 학교 건물은 같아야 한다는 것이고 이것이 표준화인 모양이었다.

 설계를 남초등학교와 같이 묶어서 하지 않고 별도로 사업을 추진하기로 했다. 덧붙여 광주북초 건축 소위원회와 상시적인 만남을 가지고 협력하여 사업을 진행하는 것으로 협의하고 일단 예산 집행을 멈췄다. 하지만 사실, 길이 하나도 없었다. 알고 있는 방법도 없었고 할 수 있는 방법도 전혀 보이지 않았다.

 집 한 채를 지을 때도 나와 취향이 같거나 집에 사는 가족의 생활과 특성을 잘 담아 줄 것 같은 건축가를 찾아보고 선택한다. 학교를 설계할 건축가를 선정할 때 교장이나 학부모 대표 등 학교에 대해 이해가 깊은 학교 구성원이 심사하는 것이 어떻겠냐는 제안을 동부교육지원청에 했더니 청렴을 이유로 대면서 난색을 표했다. 심사위원 전문가 그룹이 있어서 무작위 뽑기를 통해 정해진다는 것이었다. 학교 구성원이 학교 건축 설계자 선정에 참여했으면 좋겠다는 바람이 청렴하지 않은 생각인지 아직도 잘 모르겠다. 공정한 절차를 해치지 않는 범위에서 가능한 방법을 찾아달라고 요구했고 나중에 설계자를 선정하는 과정에서 학교 구성원의 요구를 잘 알고 있는 퍼실리테이터 두 분이 심사위원에 선정되었다. 학교 구성원이 직접 참여하지 못해서 아쉽기는 하지만 이 정도가 반영된 것만도 다행이었다.

가격입찰 공모 방식의 문제점은 너무도 많다. 문제점이 많다는 데 왜 늘 그렇게 하는 것일까? 다른 방법을 찾기 위해 구글에서 공공기관 건물 입찰에 관한 자료를 찾아보기 시작했다. [건축설계공모 운영지침], [공공건축 제안공모 운영가이드]와 같은 문서를 발견했다. 페이지가 너무 많고 전문 용어로 되어있어서 무슨 뜻인지 이해하기도 어려웠다. 몇 번이고 읽고 또 읽어봤다. 어렴풋이 설계 공모에는 몇 가지 방식이 있고 그중에 제안 공모 입찰이라는 방식이 있다는 것을 알게 되었다. 이 방법이 우리 학교에 적합해 보였다. 한 줄기 희망을 발견한 것 같았다. 자료를 제시하고 교육청과 협의했는데 이번에는 예산에서 막혔다. 절차를 달리하려면 예산이 필요하다는 것이다. 예산이 없어서 할 수 없다는 얘기다. 맞다. 예산은 정말 필요하다. 참여형 설계를 하겠다고 설명회에서 말했는데 참여형 설계에 대한 예산은 반영되지 않았다. 공동체의 의견을 듣고 디자인에 반영하는 워크숍을 통해 참여형 설계과정을 진행하려고 해도 예산이 필요하고 입찰방식을 달리하려고 해도 예산이 필요하다. 예산이 없기 때문에 할 수 없는 것이 아니라 예산이 없기 때문에 할 수 있는 예산을 마련해야 하는 것이 아닌가!

학교가 지어지는 과정에 학교에 사는 사람은 배제되어 있었고 선택할 수 있는 것도 거의 없었다. 의견을 제시할 수 있는 통로나 과정도 없었다. 시스템은 원래 하던 방식에서 한 번의 의심도 갖지 않고 다른 방식을 고민조차 해보지 않는 단단한 벽이었다.

| 에피소드 1 |

자세히 보면 이상한 나라의 교육청

시작은 두근거림이었지만 얼마 지나지 않아 깊은 탄식과 빡침의 연속이었다. 시교육청 예산과와 회의 자리에 앉기 시작하면서 관할인 동부지원청까지 얼마나 제집처럼 드나들었던가. 내가 교육청 직원인 줄.

이름도 기억나지 않는 수많은 과와 회의가 시작되었다. 학교 규모는 학교운영지원과랑 협의해라, 특이하게 짓고 싶으면 혁신교육과랑 협의해라, 강당은 체육 시설과에 문의해라, 방송시설은 전기과랑 협의해라…….무엇하나 쉽게 얻어지는 게 없었다.

3선 교육감의 공약인 북유럽학교는 어디로 사라지고, "거 광주북초 짓는데, 얼마면 되겠소?"라며 몇 해 전 한 인권 포럼에 참석한 학교건축소위원에게 원빈 오빠처럼 공수표를 날리던 교육감은 어딜 간 건지. 크고 멋진 학교 말고 아름다운 학교를 짓고 싶어 하던 우리를 비웃으며 "스머프 집 짓게요?" 하던, 나중엔 "저 학교는 나무하나, 풀 한 포기 맘대로 뽑아선 안 돼"라며 비꼬던 그 사람들.

생떼 아닌 생떼를 써서 2017년 처음 시교육청과 회의 자리 한쪽 편에 자리 잡았고 교육청은 학교를 짓는데 학교 구성원의 -학교장이나 부장 선생님, 기껏해야 몇 명 학부모쯤 생각했을 것이다- 의견 청취는 당연하다면서 생색을 내었다. 우리가 생색내기에서 물러서지 않을 걸 그때는 몰랐겠지.

역시 교육청과 협의 과정은 쉽지 않았다. 협의하겠다고 약속했지만, 교육청은 항상 우리의 뒤통수를 쳤다. 어느 날 진행 상황을 문의하자

이미 예산이 책정되었다고 했고, 어느 날은 누구와 협의를 했는지 교실 4칸, 3층 건물이 학교 빈 공간 어디쯤 들어서게 될 거라고 했다. 어안이 벙벙했다. 협의하는 자리에 알아서 불러줄 거라고 믿은 우리가 바보였다. 끊임없이 확인하고 반복해서 말하지 않으면 우리도 모르게 일이 진행되고 있었다. 협의가 거듭될수록 '사용자 참여형 학교설계'에 대한 학교건축소위원회와 교육청의 동상이몽이 드러나고 있었다.

교육청을 비롯한 공공기관이 항상 하는 변명은 선례가 없으니 할 수 없다는 것이다. 누군가가 해야 선례가 생기는 것인데 선례가 없어서 못 하다니. 그야말로 닭이 먼저냐, 달걀이 먼저냐. 우리는 퍼실리테이터라는 전문가를 통해 사용자의 요구에 맞는 마스터플랜을 짜고 그에 따른 설계와 시공을 할 수 있는 예산이 세워지길 원했다. 이게 우리가 알고 있는 건축의 기본상식 아닌가? 하지만 교육청의 건축예산 그 어디에도 사용자 참여형에 대한 예산은 없었다. 벽돌의 색깔과(아아, 이것은 나중에 벽돌 대첩이라는 대란을 몰고 온다) 장판의 종류를 학부모가 선택할 수 있게 해주는 것이 교육청의 큰 배려가 담긴 사용자 참여형이었다.

학생 수에 맞춰 필요한 교실+특별실 개수를 계산하고 학교 부지의 빈 공간에 얼마나 욱여넣을 수 있는지 시뮬레이션해보고 부족한 공간만큼 교실 개수를 줄이는 눈감고도 할 수 있는 교육청의 매우 효율적인 학교설계를 보고 감탄했다. 안전하게, 아이들을 통제하기 편하게, 효율적인 주입식학습을 고려한 학교 건물. 그 어디에도 아이들과 교사의 인권 따위는 보이지 않는 공간. 여기가 감옥인지, 군대인지, 정신병원인지. 이렇게 다 똑같이 지을 거면 교육청 전담 건축사를 둘 것이지 설계사는 왜 입찰을 통해 선정하는지 알 수가 없다.

그들은 우리에게 왜 너희만 특별한 학교를 지으려고 하느냐, 많은 비용이 드는 시설은 100명이 쓰는 것보다 1,000명이 써야 형평성이 맞다고 했다. 오히려 우리는 조리실 말고 식당(급식실)만, 강당 말고 작은 규모의 다목적 체육관이면 족하니 그 돈을 줄여 교실이라던가, 아이들 놀이 공간 등에 더 쓰고 싶다고 했다. 그랬더니 이번에는 다른 학교에 다 있는 시설을 왜 하지 않느냐, 그럴 순 없다며 이렇게 말했다. 나중에 이 학교를 사용하는 사람들이 왜 급식실이나 강당을 짓지 않았냐며 불편하다고 문제를 제기하면 누가 책임질 거냐고. (공무원이 책임 운운하면서 책임지는 걸 나는 한 번도 본 적이 없다) 현재의 사용자는 배려하지 않으면서 미래의 사용자를 배려하는 저 무한한 포용심이라니! 도대체가 앞뒤가 맞지 않는 걸 그들은 알고 있을까.

이래서 내가 다닌 학교도 내 어머니가 다녔던 학교도 내 아이가 다니는 학교도 모두 똑같은 모양을 유지하는구나 싶었다. 유연성이라고는 눈곱만큼도 없는 공고한 첨탑 같은 교육청. 그들과 얘기할수록 어릴 적 느꼈던 학교에 대한 실망감만 커질 뿐이었다.

3) 과정은 있고 돈은 없다

예산만을 놓고 보면 광주북초의 사례는 좋은 예가 아니다. 운 좋게 이만큼의 결과가 나왔고 어떻게 보면 운이 나빠 이렇게밖에 안 되었다. 백방으로 노력했지만 주어진 예산 이외에는 더 지원되지 않았다.

예산을 마련하기 위해 학부모회가 중심이 되어 광주시 교육청, 광주시의회 등 기관을 만나며 여러 차례 노력했다. 마스터 플랜 설계비용을 학교에 지원받기 위해 광주시의회 의원을 만나기도 했다. 기본 설계가 나오고 학교가 원하던 설계 내용이 잘려 나갈 위기에 처하자 학부모들과 동부교육장 면담을 요청했다. 학부모들과 학교 건축 소위원회가 함께 그동안 나온 보고서와 자료를 정리해서 갔다. 광주북초 건축 사례의 소중함을 열심히 설명했지만, 예산을 추가해서 받지는 못했다.

과정에는 비용이 든다. 사람이 하는 일이면 더더욱 비용이 지출되어야 한다. 시스템에 없는 과정을 만들어가느라고 공을 들인 노력과 수고는 어쩔 수 없는 일이라고 하더라도 진짜 문제는 새로운 과정에 필요한 예산이 없는 것이었다.

사용자 참여형 설계과정을 진행하고 마스터 플랜 설계를 통해 학교 건축 전체 계획을 세우고 제안 공모 입찰로 설계자를 만나려고 했다. 새로운 과정과 절차가 생기자 비용이 필요했다. 사용자 참여형 설계과정을 진행하기 위해 동부교육지원청으로부터 2천만 원의 학교공간 재구조화 사업 운영비를 받았다. 다행이었다.

광주북초의 경우 신축건물 설계비만으로 설계자에게 마스터 플랜 설계도 하고 사용자와 협의(공동체참여설계) 과정도 진행하라는 조건으로 설계자 제안 공모 지침서를 작성했다. 그러다 보니 까다로운 조건과 적은 비용 때문에 설계에 참여하고자 하는 팀이 없어서 두 번의 유찰을 겪었다. 동부교육지원청에서도 이 점을 걱정했다. 결국, 과정에 대한 비용이 없기 때문에 생기는 일이었다. 학교를 으리으리하게 지어달라고 하는 것도 아닌데 과정에 대한 비용을 마련하기 위해 애썼고 비용이 없어서 대안을 찾는 일이 시스템을 만들어가는 것보다 더 힘들었다.

집을 지을 때 편의상 평당 얼마라고 계산을 해서 비용을 책정한다. 그렇다고 평수가 줄어들면 그에 비례해서 비용이 적게 드느냐 하면 아니다. 적은 평수로 지으면 평당 가격이 올라간다. 집을 지을 때 드는 최소한의 기본비용이 있기 때문이다. 광주북초는 규모가 작기 때문에 시설비가 적었다. 시설비에 몇 퍼센트로 설계비가 책정되다 보니 대규모 시설에 비해 설계비가 적고 설계자에게 공동체 참여형 설계를 추가해서 넣기가 부담스러웠다. 게다가 신축건물을 짓고 다음으로 본관 리모델링 공사가 예정되어 있어서 마스터 플랜 설계도 필요했다. 신축건물은 어찌어찌 간다고 해도 리모델링 공사비는 더욱 적기 때문에 당연히 설계비는 더 줄어들게 된다. 신축건물을 짓는 동안 고생한 것을 다시 반복해야 한다고 생각하니 답답하고 아찔했다. 설계비를 얼마를 책정하는 것이 적당한지는 잘 모르겠다. 하지만 시설비에 비례해서 설계비를 책정하기 때문에 생기는 문제점이 분명히 있다. 이런 부분이 보완되었으면 좋겠다.

4) 동상이몽

지금까지 학교는 아마 그렇게 지어졌을 것이다. 건설회사에서 아파트를 짓고 지어진 아파트에 사람들이 입주하듯이. 똑같은 크기, 똑같은 모양, 똑같은 실의 배치. 교육청에서 표준화된 모델로 학교를 지어주면 구성원들은 거기에 맞추어 살았다.

교육청에서도 학교 공동체의 의견을 반영한 사용자 참여형으로 설계를 하겠다고 했다. 문제는 사용자 참여에 대한 교육청과 우리의 생각과 해석이 너무도 달랐다는 것이다. 화장실의 변기를 어떤 거로 할지, 바닥재를 무엇으로 할지, 기존의 설계에서 약간의 의견을 보태고 그동안 불편했던 점이 무엇이었는지 확인해서 시설을 개선해 주는 수준이 교육청이 제시한 사용자 참여이다.

사용자 참여형 설계라는 것은 무엇일까? 광주북초에서 한 것은 학생, 학부모 교직원을 포함한 학교 공동체가 현재 학교에서 살고 있는 모습을 살피고 학교 교육의 지향점을 찾아 합의하고 그 주제를 중심으로 학교공간을 펼치는 통합적인 것이었다. 교육청과 협의를 계속할수록 생각의 거리가 확인되었다. 사용자 참여형 설계에 관한 생각의 차이를 좁히기가 너무 어려웠다. 과연, 교육청은 사용자 참여형 설계에 대한 정의나 최소한의 고민이라도 있었을까?

두 번째 동상이몽은 '누가 사용자인가'라는 것이었다. 학교의 사용자는 누구인가. 학교 구성원이라고 하고 세부적으로 들어가 보면 교실의 사용자는 교사인가? 학생인가? 교장실의 사용자는 교장이고 행정실의 사용자는 행정실장인가? 과학실의 사용자는 과학실무사이고 보건실의 사용자는 보건 교사인가? 최근 급식실에 기자재를 선정하는 부분에 대해 동부교육지원청 시설과 주무관과 통화를 하게 되었다. 급식실에 테이블과 의자를 일체형으로 하지 않고 카페테리아에 가까운 식당처럼 가구를 넣는 것이 중요한 협의 내용이라고 하니까 "사용자의 의견을 물어야지요."라고 한다. "사용자는 학생 아닌가요?"라고 물으니 "사용자는 급식실에서 일하시는 분들이지요. 그분들이 청소하기 힘든데 그런 테이블과 의자를 넣을 수는 없죠."라고 한다. 그동안 동부교육지원청의 이해도가 높아져 있다고 생각했는데 완전한 착각이었다. 2년여 넘게 협의하고 제안한 내용은 하루아침에 없었던 일로 무시된다. 다 양보한다손 치더라도 급식실의 사용자는 누구인가?

> **리모델링** : 건축물의 노후화를 억제하거나 기능 향상을 위해 대수선 하거나 일부 증축하는 행위를 말한다. 리모델링 제도는 기존건축물의 노후화 억제 및 기능개선을 촉진하기 위해 2001년 「건축법」 개정으로 도입된 제도이다. 해당 법에서는 15년 이상 경과된 건축물에 대하여 증·개축 등의 리모델링을 실시하는 경우에는 건폐율·높이 제한 등의 건축 기준을 완화하여 적용할 수 있도록 하고 있다. [네이버 지식백과]

신축건물을 완공한 후에 본관 건물을 리모델링하기로 하고 예산이 책정되었다. 지난 2년간 광주북초는 사용자 참여형 설계과정을 통해 신축건물과 본관 건물을 포함한 종합계획(마스터플랜)을 세우고자 했고 이에 따른 건축 대안을 2개의 보고서로 정리해서 내놓았다. 그런데 광주북초와 동부교육지원청의 리모델링 범위에 대한 해석이 사뭇 달랐다. 동부교육지원청에서 발주한 [광주북초 본관 교사동 보수

공사 설계용역 과업지침서]를 보면 아래 내용으로 추정 공사비를 제시했다.

> 석면텍스교체공사/ 교실개조공사/ 바닥보수공사/ 노후 출입문 및 창문 보수공사/ 외부창호교체공사/ 노후 화장실 개보수공사/ 천장형 냉난방 교체공사/ 급배수관 교체공사를 위한 예산 책정

광주북초는 리모델링의 범위를 벽체를 제거하거나 일부를 증축해서 좀 더 역동적인 설계가 가능하다고 생각한 반면 동부교육지원청은 창문이나 문틀을 교체하고 바닥재와 천장 자제를 바꾸는 등의 시설개선 수준의 교사 보수 공사로 보고 이를 근거로 예산을 책정했다. 리모델링에 대한 생각부터 다르니 이를 조율하고 논의하는 과정에도 어려움이 따랐다.

학교 구성원들은 신축건물을 짓는 과정에서 겪었던 어려움을 리모델링 공사과정에서 똑같이 겪게 되지 않기를 바라는 마음이 있었다. 동부교육지원청과 수 차례 협의 과정을 통해서 각자 학습된 것도 있었다고 생각했다. 그동안 학교 건축 과정에 대한 광주시교육청의 정책과 철학도 많이 변화되었다고 믿었다. 리모델링 예산을 편성할 때 학교 구성원과 충분히 협의하고 학교 건축 종합 계획(마스터 플랜) 설계 내용을 반영하기를 바랐다. 사용자 참여형 설계가 가능하도록 예산도 편성하기를 바랐다. 그러나 현실은 그렇지 않았다. 학교 건축 과정에서 그동안 통용되어 오던 시스템의 벽은 높았다. 동부교육지원청의 변

화에 대한 의지도 없었다. 마치 처음 학교 건축이 시작될 때의 데자뷰처럼 덜컥 리모델링 설계비 예산이 책정되고 가격입찰로 설계자가 선정되었다고 학교에 통보해왔다. 그간 고생해서 만든 마스터 플랜 설계는 깡그리 무시되었다. 그나마 진전된 것이 리모델링 설계 공모 지침에 학교와 3회 이상 협의회를 가지고 학교 구성원의 동의를 받아 설계를 완성하라는 내용이 포함된 것이었다. 다시 도돌이표였다.

| 에피소드 2 |

끝나지 않은 이야기.. 본관리모델링 -'미치겠네'

어렸을 때 만화영화를 보면 주인공은 자신이 이 영화의 주인공인 줄도 모르고 평범한 사람인 줄 알았다가 악당들이 쳐들어오니까 그제야 자신이 나가서 싸워야 할 임무를 가지고 태어났구나 하는 것을 인식하고 악당들을 물리치려고 한다. 하지만 그동안 평범한 삶을 살아왔던 주인공은 변신하는 방법도 모르고 무기도 사용할 줄 모르고 심지어는 자기가 타야 해야 하는 비행선도 운전할 줄 몰라 실수를 연발한다. 이러한 우여곡절을 겪으면서 심지어는 목숨이 위태로울 지경까지 가면서 악당들을 물리치고 승리한다. 그리고 주인공은 비장한 얼굴로 떠오르는 태양을 보며 주먹을 불끈 쥐고 말한다. "그래, 이제부터 시작이야."

만화영화는 끝나고 어느 누구도 말해주지 않았지만 어린 나는 알고 있었다. 다시 또 악당이 나타나 위험해지면 주인공은 앞에 했던 변신을 못 한다던가, 무기 사용법을 모른다던가, 자기가 타는 비행선 조작에 서툰다던가 하는 일은 없고 모든 것이 다 준비된 상태로 '짠' 하고 나타나 우리를 구해주겠구나 하는 것을 말이다.

학교 증축이 어느 정도 진행되고 있는 즈음에 본관 리모델링에 대해 일방적인 교육청의 예산 책정과 기존 관행에 의한 절차들이 쏟아져 내려왔다. 본관 리모델링은 기존에 우리가 만들었던 '사용자 참여형 프로세서'를 통하여 우아하게 데뷔할 줄 알았다. 그러기 위해 우리는 증축을 논의하는 과정의 끝자락마다 '본관 리모델링 사용자 참여형 프로세스 적용'을 언급하였고 그러리라는 확답까지 얻었다.

우리가 3년에 걸쳐 죽어라 만들었던 '사용자 참여형 프로세스' 깔끔하게 무시당했다.

다시 말해서 우리는 변신하는 법도 다시 배워야 하고, 무기 사용법도 다시 익혀야 하고 심지어 비행선 운전법은 다시 배우는 것도 부족해 비행선을 끌고 다녀야 할 판이었다. 어린 시절 나도 직관적으로 알 수 있었던 걸 왜 그들은 모르는 걸까?

신관을 증축하는 과정에서도 본관하고의 연관성을 고려하여 마스터 플랜을 만들었고(정말이지 없는 과정을 만들어 어렵게 궁핍하게 만듦) 이에 따른 본관 리모델링이 우리가 흔히 말하는 도배, 장판 교체 수준의 리모델링이 아닌 신축에 가까운 것이기에 리모델링의 개념부터 다시 짚고 넘어가자고 그렇게 이야기를 했건만, '저 너머 무슨 산?' 이야기가 돼버렸다. 3년간의 긴 여정으로 우리가 많이 지쳐 있는 것도 사실이었다. 처음부터 불공평한 구조였다. 교육청의 담당자는 매년 새로 바뀌어 선수가 교체되는데 우리는 그 사람이 그 사람으로 3년간 주구장창 부대껴 왔으니…… 매년 지나온 이야기들을 새로운 이야기인 양 물어오는 것도, 이 부서 저 부서 다르게 이야기하는 것도, 다른 학교와 공평하게 하기 위해서 똑같이 해야지 다르게 하면 안 된다는 것도, 옛날부터 이렇게 해왔다는 모험심은 1도 없는 말을 듣는 것도

지. 쳤. 다.

하지만 북초 구성원들이 가장 아끼는 공간인 본관,

처음에는 아이들을 신관보다 여기에 더 두고 싶어 할 정도로 애착했던 본관,

그냥 놔두고 싶었지만, 안전성 문제로 손을 대야 하는 본관,

하지만 너무 애정하는 곳이라 손도 놓을 수 없는 본관 건물의 리모델링.

허탈하지만 다시 시작하는 마음으로 숨을 고르고 손을 댔다.

우리 학교의 교육 비젼인 생태, 인권, 연결을 기억하며 포기가 아닌 선택으로 항상 초심을 기억하며…….

끊임없는 요구와 회의, 면담을 걸쳐 본관 리모델링도 어느 정도 형태를 갖추어 가고, 지켜 보고 있다. 우리의 바람이 실현되기를 간절히 바란다.

03
사람을 만나다

1) 30,808km

2017년 10월 학교 증개축에 대한 논의를 막 시작할 무렵 학교 구성원이 건축에 대해 관심을 가져보자고 교사와 학부모가 참여하는 3회의 연수를 기획했다. 연수 첫날, 홍경숙 대표(건축교육. 공간디자인 P_P.Y)를 처음 만났다.

서울 삼양초등학교에서 아이들과 학교공간을 바꾼 경험을 소개해 주었는데 반응이 좋았다. 사실 학부모나 교사나 건축에 대해서는 완전히 문외한이었기 때문에 누구라도 우리 학교를 귀하게 여기고 함께 고민해 줄 사람이, 우리의 언어를 건축의 용어로 바꾸어 줄 전문가가 절실했다. 두 번째 시간에는 '내가 기억하는 광주 북초'라는 키워드로 시작했는데 여러 해를 학교에서 보낸 학부모들의 기억 속의 북초는 자연과 함께 하는 따뜻하고 아름다운 모습이었다.

추억이 담긴 학교공간을 찾아보면서 학교가 지향하는 바를 교사와 학부모가 함께 이야기해보는 시간은 유쾌하고 신선했다. 교사와 학부모가 모두 모여앉아 함께 학교에 대해 이야기해 보는 시간도 자주 없는 기회지만 학교공간을 상상해보며, 공간을 중심으로 대화하기는 처음이었다. 학부모 총회에서 교육과정을 설명하거나, 학교 행사나 프로그램을 주제로 이야기하는 시간보다 쉽고 유연한 대화가 가능했다.

학부모들은 학교공간을 구석구석 잘 알고 있었다. 공간마다 추억이 담긴 이야기를 가지고 있어서 자연스레 애착이 묻어나는 설명을 들으며 내심 놀랐다. 한편으로 대화는 즐겁지만 이게 학교 건물에 반영될 수 있을까 하는 걱정도 있었다. 2017년 당시에만 해도 전국적으로 학교건축과정에 사용자가 참여한 사례가 전혀 없었다. 마지막 시간에는 학교 구성원의 바람을 정확하게 읽은 홍경숙 대표가 영국의 사례와 일본 후쿠이시 시민중학교의 사례를 참고해서 사용자 참여형 설계 과정안을 만들어서 제시했다. "이렇게 할 수 있을 것 같아요."라고 조심스럽게. 그때만 해도 내심 '우리나라에서 한 번도 시도된 사례조차 없다는데 건축 연수 한 번 한 것으로 만족하지 뭐.' 하는 생각이었다. "할 수 있을까요?"라고 되물었는데 이번에는 "같이 해보죠. 할 수 있어요, 같이 해요."라고 작게 말씀하셨다. 아주 작게. 본인도 모르지 않았을까? 일이 이렇게 커지리라는 것이라는 걸. 최근에 우리 학교에 새로 부임한 교사에게 학교 건축 과정을 설명하는 자리가 있었다. 홍경숙 대표가 "연수를 준비하면서 북초에 처음 와서 한 자료를 찾아봤는데 그때 만든 프로세스대로 거의 그대로 했더라고요. 소~~름."하며 웃었다. 그렇게 시작된 인연으로 모르는 것, 궁금한 것 닥치는 대로 물어봤고, 일이 잘될 때, 안 될 때 사실 대부분은 문제가 생길 때마다 전화로, 메일로, 만나서, 때로 찾아가서 상의하고 하소연했다. 나중에는 1학년인 아들래미를 그냥 북초에 보내시라 농담하기도 했다.

학생들과 워크숍이 시작됐다. 100명의 아이들의 의견을 정리하고 분석해서 결과를 내오는 과정은 더디지만 많은 메시지를 주었고 그래서 힘이 있었다. 아이들은 정문에서 교실까지 구름다리를 놓았고 학교 앞 편의점이 교실 옆에 있었으면 좋겠다고 했다. 2층에 급식실, 3층에 느닷없이 수영장을 만들기도 했고 운동장에 롤러장을 만들기도 했다. 교실에 관한 워크숍을 할 때는 담임교사의 공간은 점으로 놓거나 아예 밖으로 빼놓기도 했다. 교사인 내가 진행했다면 이 의견을 어떻게 받아들였을까? 학생 학부모 교사가 함께 워크숍을 진행했다면 아이들의 의견이 날 것으로 나와서 소개될 수 있었을까? 상냥하게 "다시 생각해봐."라고 말하든지 짐짓 근엄한 표정으로 "장난으로 하면 안 되지."라고 핀잔을 줬을지도 모를 일이다. 시간마다 서너 그룹으로 나누어 진행되는 워크숍에서 교사 2명과 관찰자이며 기록자 역할을 해준 방소형 선생님이 그룹별로 아이들의 이야기를 기록했는데 교사로 투입된 나는 대체로 아이들 이야기를 있는 그대로 듣지 못하거나 참여하는 태도를 바로잡아 주는데 몰두했다. 홍경숙 대표는 내게는 별 의미 없어 보이는 아이들의 이야기를 귀 기울여 듣고 메시지를 찾아냈고 이를 공간에 대한 대안으로 풀어냈다.

학부모 워크숍은 '북초에서 학부모의 역할은 무엇일까'라는 질문으로 시작했다. 한참 이야기가 이어지다 교실 공간으로 확장되게 되었는데 한 학부모가 교실은 선생님의 영역인데 학부모가 이야기해도 되는지 물었다. 홍경숙 대표가 "학부모로서 교실을 생각해 보세요."라고 하자 뭔가 막힌 부분이 확 풀리면서 논의가 활발해졌다. 학부모들은 학교를 마음껏 상상해 볼 수 있는 자유를 얻었고 동시에 광주북초의 교육지향점과 학교 공동체 안에서 학부모의 역할에 대해 깊이 있게 대화해 나갔다. 학생 워크숍과 마찬가지로 교사가 건축 워크숍을 진행했다면 어땠을까. 그만큼 유연하게 대화를 이끌 수 있었을까? 학부모들은 편안하게 대화에 참여할 수 있었을까? 학교 안의 구성원이 아닌 사람이 학부모 워크숍에서 퍼실리테이터로서 역할을 진행하면서 좀 더 솔직하고 구체적인 대화가 가능하고 내부에서 볼 수 없는 것을 찾아낼 수 있는 장점이 있다고 생각한다.

2019년 7월 드디어 마지막 설계안이 나오고 그간의 과정을 학부모 총회에서 설명하는 자리를 준비하면서 홍경숙 대표에게 메일을 보냈다. "샘~ 기차에서 시간 되시면 2017년부터 지금까지 광주 북초에 오신 총횟수를 계산에서 알려주십시오." 상당한 횟수가 될 것이라고 예상했지만 답장을 받고 정말 놀랐다. 67회, 서울서 광주까지 거리로 환산하니 30,808km. 지금 2020년이니 아마 더 늘었을 터이다.

2) 의문이 의미가 되는 순간

교육청과 답도 없는 지난 한 회의를 이어가고 있을 무렵 방소형 선생으로부터 전화가 왔다. "구글에서 완전 괜찮은 자료를 봤어요. 경기도에서 우리 학교와 비슷한 규모의 학교공간을 바꿔가고 있는 팀이 있고 팀을 이끄는 교수님이 쓴 강의자료인데 우리 학교랑 딱 맞을 거 같아요." "연락처 있어요?" "네! 강의 원고에 메일주소랑 전화번호도 있어요." 오잉? 심 봤다! 공주대학교 건축학부 고인룡 교수. 메일을 열어 자세하게 광주북초의 상황을 설명하고 교사와 학부모를 대상으로 한 강의를 부탁했다. 나름 고심해서 만든 학교 건축 비전 제안서도 보냈다. 모든 것이 고민이고 궁금한 것투성이일 때였다. 만나서 물어보고 싶은 것이 많았다. 5일 후에 증개축 위원이 함께 공주대학교 교수님 연구실에서 첫 만남을 가졌다. 학교 건물 설계과정에 대한 질문을 마구 쏟아 냈던 것 같다. 가장 답답한 것은 시스템에 대한 것이었는데, 결국 시스템의 한계를 확인하게 되었다. 돌아오는 길에 교수님이 보낸 메일을 받았다.

오늘 멀리 고생 많으셨습니다.
광주북초의 참여교육공동체 의지가 인상적이고 감동이었습니다.
열정이 좋은 결과로 이어지길 진심으로 바랍니다.
저 역시 도움이 될 수 있도록 노력하겠습니다.

그렇게 또 한 명의 조력자이며 자문단이고 촉진자가 되어 준 사람을 만났다.

첫 강의에서 인상 깊었던 것은 학교는 그때그때 지원되는 예산으로 조금씩 공간을 바꿔나가다 보니 일관성이 없는 건물이 뒤섞여 있다는 설명이었다. 따라서 학교설계 전체 계획(마스터 플랜)을 세우면 예산이 순차적으로 지원되더라도 종합계획에 따라 일관성 있게 지어질 수 있다는 것이었다. 눈이 번쩍 뜨였다. 광주북초 증개축 공사는 신축 건물이 지어진 후에 본관 건물을 리모델링하는 단계적 공사였기 때문이다. 신축 건물과 본관 건물이 디자인적으로도 어울려야 하는 것은 물론이고 두 건물에 나누어 들어갈 실의 배치나 동선도 중요한 문제였다.

　북초 공동체가 기존의 학교 공사 방식을 그대로 따르지 않고 우리의 의견을 설계에 반영하고 싶어 하는 마음도 공동체 참여 디자인이라는 것도 알게 되었다. 막연하게 이렇게 하는 것이 맞을 것 같은데, 다른 방식으로 할 수는 없나 라고 생각한 것들이 교수님의 설명을 통해 의미 있는 과정으로 정리되고 정의되는 기분이었다. 말도 안 되는 것을 떼쓰고 있는 것이 아니구나, 원래 학교를 이렇게 지어야 하는 거 아냐? 하는 생각에 용기를 많이 얻었다.

　교사 워크숍은 고인룡 교수님이 진행하셨다. 건축 이야기를 많이 할 줄 알았는데 교육 이야기에 공을 들이셨다. 학교공간에 대한 논의가 심도 있게 진행되었다. 교사가 말하는 긍정적인 공간과 키워드는 대부분 야외 공간인 자연에 있는데 교사가 하고자 하는 교육 내용에는 자연을 담은 것이 거의 없다는 분석이 이어졌다. 이것은 교사들이 내부적으로 고민하는 부분과 맞닿아 있었고 교사 워크숍이 끝나고도 학교교육과정에 대한 치열한 논쟁으로 이어졌다. 교사워크숍을 통해 현재 우리 모습을 드러내는 것만으로도 충분한 제언이 되었고 건축을 통해 건축에 담을 내용을 고민할 수 있었다.

3) 퍼실리테이터와 만남

　증개축 위원회를 꾸렸지만 사실 교사와 학부모는 건축에 대한 전문가가 아니다. 동부교육지원청에서 이렇다고 하면 고개를 갸우뚱거리는 일이 생겨도 그렇게 받아들일 수밖에 없다. 회의 기록을 녹음해서 다시 들어봐도 무슨 말인지 모를 때가 많았다. 반대로 학교의 건축 비전을 세운 제안서를 보여줬을 때 시설과에서는 "생태, 인권, 연결이라는 말로 어떻게 건물을 짓습니까? 그런 것은 아름답고 추상적인 말일 뿐이지 그런 거로는 학교를 지을 수 없어요."라고 했다. 회의가 거듭될수록 답답함은 커졌다. 학교를 잘 이해하고 학교 구성원의 바람을 동부교육지원청에 전달해주고 어렵게만 느껴지는 설명을 우리에게 풀어 말해 줄 중간 매개자가 필요했다. 퍼실리테이터가 이런 역할을 해 주었다. 설계자가 선정된 이후에도 설계자에게 학교공간에서 학교가 중요하게 생각하는 부분을 전해주고 학교 구성원에게 설계자의 어려움과 한계를 설명하며 중간에서 조정하는 역할을 해 주었다.

학교 구성원의 생각은 어떻게 모아야 하는가? 공간을 주제로 학생, 학부모, 교사 디자인 워크숍을 기획하는 단계에서부터 고민이 시작되었다. 이 세 그룹을 모두 모아서 가족 단위로 워크숍을 진행하는 방안도 제시되었고, 교사와 학부모를 묶어서 함께 워크숍을 진행하는 것도 고려했다. 세 그룹을 묶어서 진행한다면 노력한다 해도 어른들이 인식하지도 못하는 새에 너무 쉽게 아이들의 생각이나 말이 묻혀버릴 수 있다. 교사와 학부모가 함께 진행한다면 눈치를 보느라 서로 말을 아끼거나 솔직한 속내를 드러내지 못할 수도 있었다. 고심 끝에 학생, 교사, 학부모 워크숍을 각각 진행하기로 했지만, 가장 시간과 품이 많이 드는 방법이었다. 학교 구성원은 물론이고 디자인 워크숍을 진행하는 퍼실리테이터 협의체에게도 어려운 일이었다. 두 분 다 서울과 천안에서 오가는 먼 거리와 시간을 감당해야 했고 각 워크숍을 통해서 나온 이야기를 전체 구성원에게 설명하고 정리하는 공유회를 또 해야 했다. 이런 작업이 여러 번 반복되었다. 디자인 워크숍을 기획하고 거기서 나온 이야기를 귀 기울여 듣고 정리해서 이를 공간으로 다시 펼치는 과정을 진행하는 것이 퍼실리테이터의 가장 중요한 역할이었다.

학교 구성원의 생각을 모아 본 1차 디자인 워크숍과 그 결과를 담은 보고서 제작, 설계자가 선정된 이후에 진행한 2차 디자인 워크숍과 이를 기록한 2차 보고서 작성, 리모델링 설계 과정까지 모든 과정에 깊숙이 들어와 학교 건축 과정에 대한 기획자이며 구성원의 생각을 끌어내고 모으는 촉진자이면서 자문단으로 광주북초와 함께 했다.

맨땅에 헤딩은 아팠다. 쉽게 얻어지는 것이 하나도 없었다. 학교 공동체의 지지와 학교 건축 소위원회의 헌신이 있다 해도 교육 분야도 아니고 건축 분야에서 없는 프로세스를 만드는 일, 한 번도 가보지 않은 길을 내는 일은 불가능했을 것이다. 그 길을 퍼실리테이터 협력체라고 부르는 두 분과 함께 만들었다. 이것이 광주북초 퍼실리테이터의 또 하나의 역할이었다.

04
움직여라 광주교육

1) 작은 진전

2018년 9월 동부교육지원청에서 디자인 워크숍을 할 수 있도록 2천만 원의 예산을 지원해주었다. 10월 보도자료를 내고 협약식을 했다. 퍼실리테이터 협력체인 두 분은 연수가 없는데도 먼 길을 달려와 주셨고 시교육청 혁신교육과에서도 와주었다. 바람 부는 학교 운동장에서 플랜카드 하나 들고 사진을 찍었는데 별것 아닌데 기뻤다. 이제 뭐라도 해 볼 수 있게 된 거다.

2학기, 4개월 동안 학교에서 디자인 워크숍을 진행했다. 해를 넘겨 2019년 2월 디자인 워크숍을 정리한 '움직이는 광주북초, 움직이는 광주교육'이라는 보고서가 나왔다. 6월에 이 보고서를 충실하게 반영해서 아이디어를 제안한 형태로 제안 공모를 통해 설계자가 선정되었다.

비록 학교 구성원이 참여하지는 못했지만 광주북초 퍼실리테이터 협의체가 설계자 선정 제안 공모 심사위원으로 참여했으며 공모에 참여하는 설계자의 이해도를 높이기 위해 학교에서 증개축 위원과 퍼실리테이터가 참여해서 현장 설명회를 열었다.

　정책 제안도 했다. 안 하던 것 한다고, 지어주는 대로 살라고, 학교는 다 똑같이 지어야 한다고 그게 공평한 거라고 하지 말고 다른 학교도 좀 이렇게 지어봅시다. 광주에 학교를 짓는 방향성과 철학을 만들어 봅시다. 라고 제안하고 싶었다. 광주북초를 모델학교로 해서 참여형 설계 시스템을 구축하고 기존의 학교 짓는 방식을 바꿔보자고 정책 제안을 했고 제안을 해볼 수 있는 구체적인 방법을 찾다가 광주교육정책연구소 정책연구과제로 신청했다. 정책연구과제로는 선정되었는데 나중에 들어보니 시교육청 모든 과에서 받기를 꺼렸다고 했다. 그나마 혁신교육과에서 받아주었다. 정책으로 받아들여지지는 않았지만, 설계자와 함께하는 공동체 참여 설계 과정을 담은 2차 보고서가 만들어졌다.

　공동체의 의견을 들어서 공동체 참여 설계로 학교를 짓는다는 것! 지금은 많은 것이 해소되고 공동체 디자인 워크숍을 통해서 얻은 것도 많지만 시스템이 전혀 없는 상태에서 늘 하던 방식대로 지어지는 관행 앞에서 늘 막막하고 어려웠다. 그래도 안 된다는 말을 듣고 포기하지 않았다. 다시 모여서 조사하고 사람을 만나고 도움을 요청하며 방법을 찾아서 제시했다. 아무도 방법을 찾아주지는 않으니까. 시스템을 만들어야 학교의 의견이 반영될 여지가 생기고 우리가 바라는 모습에 조금이라도 가까워진다. 예산을 받고 설계를 거쳐 시공사를 만나게 되는 과정만 꼬박 2년이 걸렸다. 예산은 해를 넘겼고 다른 학교를 짓는 것에 비해 꽤 오랜 시간이 걸렸지만 많은 것이 달라졌고 어떤 것들은 우리도 안 되리라 생각한 것들이 이뤄졌다. 원하는 대로 다 된 건 아니지만, 아무것도 안 된 것도 아니다. 포기하지 않았고 방법을 찾아보며 대안을 선택했다.

2) 어떻게 합의할 것인가

경험 많은 퍼실리테이터단은 이미 알고 있었는지도 모른다. 욕망은 터지고 기대했던 공간이 눈앞에서 잘려 나가는 순간이 펼쳐지리라는 것을. 설계자가 선정되고 교사와 학부모가 함께 한 첫 워크숍은 고인룡 교수님이 진행했다. 먼저 신축 건물의 설계자로 선정된 원건축사사무소(주)가 공동체 참여 설계과정을 진행하고 비용이 포함되지 않은 마스터 플랜 영역까지 담당해야 하는 어려움을 설명했다. 또, 지금부터 설계가 완성될 때까지 제한된 면적과 한정된 시간, 정해진 예산의 한계 속에서 선택하는 과정이라는 것을 설명했다. 시간상으로는 이미 한 해 예산을 넘겨 제안 공모 입찰을 진행하고 있는 만큼 더 이상 미룰 수도 없었다. 하고 싶은 것을 다 할 수 없고 면적과 예산을 고려해서 선택해야 하는 것이다. 미리 어려움을 설명했지만 즐거운 상상과 유쾌한 기대 속에서 진행된 1차 디자인 워크숍과는 달리 구체적인 건물의 모양이 제시되자 합의했던 내용을 까맣게 잊고 각자의 요구와 욕망이 터져 나왔다. 당황했다. 모두가 자기가 살 공간에 대해 관심이 많았고 각각의 실을 신축 건물에 배치할 것인지 본관 건물에 둘 것인지의 문제, 한정된 면적 안에서 하나의 실을 키우면 다른 실의 면적이 줄어들기 때문에 생기는 문제, 현재의 불편함을 해소할 수 있는 편의 시설 등 요구는 끝없이 나왔다.

어떻게 합의할 것인가! 과연 합의는 가능할 것인가? 답을 생각할 겨를도 없이 또 다른 화두가 계속 터져 나왔다. 누구의 의견이 받아들여지는가? 합의하더라도 예산의 범위 내에서 가능한 것인가? 예산이 초과하면 무엇을 포기할 것인가? 가장 먼저 아이들의 의견이 묻히게 될 것이 걱정되었다. 학생 워크숍을 진행한 홍경숙 선생님에게 당부했다. "선생님 아이들의 의견이 무엇이었는지 적극적으로 말씀해 주셔야 해요. 아이들의 의견이 제일 먼저 묻힐 것 같습니다." 1차 워크숍 결과로 나온 보고서를 다시 함께 살펴보았다. 새로 나온 얘기도 모두 살피고 논의했다. 설계자와 퍼실리테이터단이 함께 주요 이슈들을 정리하고 가능한 것과 가능하지 않은 것을 설명했다. 때로는 설득하고 때로는 대안을 제시하며 협의 과정을 이끌어 주었다. 예산을 초과할 것을 대비해 우선순위를 정했다. 결국은 아이들의 의견을 중심으로 합의되어 갔다. 중간중간에 합의한 내용을 정리해서 학부모 총회나 간담회를 통해 안내하고 설명했다. 누구의 의견이 아니라 모두의 의견이 되었고 그래서 과정이 중요했다. 그렇게 만들어진 합의는 역시 힘이 셌다.

3) 오지도 않은 미래의 사용자

사용자 참여 설계에 대해 논의하면서 가장 많이 들었던 말이 '현재의 사용자'라는 말이다. 학교 공동체가 학교의 사용자이고 사용자의 의견을 들어 학교를 짓는다고 하더라도 의견이 반영된 이는 현재의 사용자이다. 학교에서 사는 사람은 늘 바뀐다. 전학을 가지 않는다면 학생은 6년을 산다. 광주에서 교사는 4년이면 만기를 채운다. 북초에서 교장은 대부분 2년에서 3년을 살았다. 사는 기간으로 보면 학부모가 가장 오래 산 사람이다. 아이가 둘이면 7~8년, 우리 학교는 아이가 셋, 넷인 가정도 많아서 길게는 10년을 훌쩍 넘는다. 2017년에 만들어진 학교 건축 위원회가 4년을 활동했는데 2020년 말에 신축 건물이 완공되면 6학년 아이들은 건물이 지어지는 과정에만 참여하고 졸업하게 된다. 아이가 졸업하게 되는 학부모도 있고, 살아보지도 못하고 학교를 옮기게 되는 교사도 있다. 이렇게 고민하며 많은 시간 만나고 이야기하며 학교공간을 설계했는데 새로 지어진 학교에서 살아가게 되는 사람들은 어떻게 생각할까. 왜 이런 공간이 있지? 이상하거나 불편하다고 생각할 수도 있고 처음에 의도한 바와 전혀 다르게 사용할 수도 있다.

미래의 사용자는 어떻게 고려되어야 할 것인가. 우리가 미래를 어떻게 예측할 수 있는가? 코로나 19로 학교가 요즘과 같은 모습으로 살아가게 될지는 학교를 설계할 시점의 우리는 상상조차 하지 못했다. 미래의 사용자를 고려하라는 메시지는 오히려 학교에 대한 상상을 막아서는 좋은 기제였다. 우리는 미래에 어떤 교사가 올지 미래 학교가 어떤 모습일지 미래 학생이 어떤 모습일지 알지 못한다. 게다가 미래교육이 무엇인지 합의하지도 않았다. 그럴 때는 가장 일반적인 것을 선택하는 것이 안전하다. 즉, 이전의 학교처럼 하던 대로 지어야 한다는 것이다. 동시에 건물은 한 번 지어지면 고칠 수 없다는 생각에 이것도 넣고 저것도 넣어 완벽하게 지어야 한다는 압박에 시달리게 된다. 혁신도 없고 변화는 불가능한데 심지어 새로 지었으니 완전해야 한다. 덕분에 한 발짝도 앞으로 나갈 수 없게 되는 것이다.

  미래의 사용자를 예측하는 것이 어렵고 미래를 생각함으로써 오히려 상상과 혁신을 막게 된다는 역설에도 불구하고 미래의 사용자를 고려하는 것은 중요한 문제이다. 4년간 해마다 학교 구성원은 조금씩 달라졌지만, 새로 입학한 신입생 학부모, 학교에 부임한 선생님들에게 학교의 지난 건축과정을 세세하게 설명하려고 노력했다. 기간이 길었기 때문에 이미 진행되는 과정 중에라도 함께 참여하고 의견을 제시하며 함께 만들어 갔다. 각자 자기가 북초에서 보낸 시간만큼의 이해를 가지고 참여하게 되는 것이다. 그렇게 해서 제시된 의견이 의미 있는 영향을 주었고 그래서 소중했다. 코로나19로 집합 연수가 어려운 시기임에도 6월, 세 차례에 걸쳐 교사 연수를 진행했다. 첫 시간은 증개축 위원으로 참여한 교사와 학부모가 그동안의 건축과정을 설명하는 자리였고 나머지 두 시간은 퍼실리테이터 협의체 홍경숙 대표와 고인룡 교수가 진행했다. 연수 마지막 질의 시간에 한 교사가 질문했다. "그동안 선생님들과 학부모님들이 학교를 만들어 오셨는데 새로 전입한 교사로서 책임감을 느낀다. 이전에 선생님들이 만들어 놓은 공간을 우리가 어떻게 쓰는 것이 잘 쓰는 것인가? 우리가 마음대로 써도 되는지, 학교를 지을 때 의도에 맞추어 쓸 수 있을지 고민이 된다. 어떻게 사용하는 것이 맞을까?" 답변은 고인룡 교수님이 강의를 통해 대신해 주셨다.

"공간은 만들어 가는 것입니다. 불편하면 바꾸고 필요에 따라 또 만들 수 있습니다. 공간이 한 번 만들어 지면 끝이라는 생각에 자꾸 채우려고 하는데 비우고 덜어내 보세요. 새로 지어진 건물이라도 사용하는 사람이 계속 고민하고 바꿔나가면 됩니다."

질문한 교사에게도 답이 되었을 것 같지만 나에게도 답이 되어 주었다. 특히, 설계에서 시공까지의 과정을 처음부터 참여한 나에게는 어깨의 무거운 짐을 내려놓는 기분이 들었다.

4) 움직이는 광주북초, 움직여라 광주교육

돌아보면 목마른 사람이 우물을 파는 심정으로 했다. 광주 북초 건축 과정에서 교사나 학부모가 했던 헌신과 수고가 소중한 경험일 수는 있지만, 교사나 학부모가 할 일은 아니다. 오히려 교사가 해서는 안 된다. 학부모가 할 필요도 없다. 교사는 아이들을 가르치는 일에 충실하고 학부모는 부모의 역할에 충실하면 될 일이다. 학교 건축에 대한 철학과 의지가 있다면 기존의 방식을 고수하고 관행대로 할 것이 아니라 시교육청이나 지원청에서 시스템을 만들어야 할 일이고 건축 관련 전문가나 건축 퍼실리테이터를 찾아 지원할 일이다. 학교 구성원인 교사나 학부모, 학생은 자유롭게 상상하고 영감을 얻고 혁신적인 생각을 꺼내고 나누면 될 일이다. 그렇게까지는 기대할 수 없을지라도 최소한 아래로부터 변화의 노력을 귀하게 여기고 학교 공동체의 의견을 귀담아듣고 어떻게 지원할지 행정적으로 해결해 줄 수 있는 방법을 고민해 줬으면 좋았을 것이라는 아쉬움이 있다. 솔직하게 말하면 광주 북초의 사례는 일반화될 수도 없지만, 일반화돼서도 안 된다고 생각한다. 앞으로 공동체 참여 설계 시스템을 갖추게 된다면 충분한 비용을 지원해서 공동체의 의견을 어떻게 모아 건축에 반영할지 고민을 가지고 경험이 있는 전문가가 디자인 워크숍을 기획하고 실천하고 이를 분석하고 기록할 수 있으면 좋겠다. 동시에 유연하고 협력적인 자세로 학교 구성원에게 과정에 대한 상세한 설명과 지원을 해 줄 수 있는 교육지원팀이 학교에 함께 들어와서 학교공간을 바꾸는 일을 진행해 준다면 좋겠다.

| 에피소드 3 |

"그깟 마스터플랜 5일이면 나도 하겠네!"

광주의 모든 초등학교에는 그네가 없다.

언제부턴가 은근슬쩍 보이지 않는 그네. 수년 전 학교에서 그네를 타다가 아이가 다치는 사고가 있었고 다친 아이 부모의 거센 민원이 있었다고 한다. 그 후로 광주의 모든 초등학교에서 그네는 사라졌다. 광주북초도 예외가 아닌 게 그네뿐 아니라 같은 이유로 구름다리와 정글짐이 사라졌다. 어떤 것도 책임지고 싶어 하지 않는 공무원의 안이한 태도를 보여주는 단적인 사례일 것이다. 우리 학교도 우여곡절 끝에 마스터플랜이 나오고 어렵사리 제안 공모로 채택된 건축가와 워크숍을 하며 부푼 마음으로 2층에서 1층을 거치지 않고 운동장으로 바로 나갈 수 있는 테라스와 계단을 설계에 넣었었다. 그것을 본 교육청 시설과의 첫마디가 "2층 테라스에서 아이가 떨어져 죽으면 누가 책임질 겁니까?"(과장 하나 안 보태고 꼭 이렇게. 그날 워크숍에 참석한 학부모 수십 명의 눈이 똥그래져서 5층까지 있는 학교는 애들 여럿 떨어져 죽었겠다며 난리가 났었다. 그네를 타다가 아이가 다치면 어떻게 해야 안전하게 그네를 타고 놀 수 있는지 알려주는 게 교육 아닌가. 소위 교육자라는 사람들이 위험한 건 없애야 한다면서 그네를 없애는 꼴이라니. 그렇게 위험한데 교실에 창문이 아직까지 남아 있는 것이 희한할 따름이다.

우리는 진정한 사용자 참여형 학교건축을 하기 위해 전문가를 백방으로 찾아다니기 시작했고 여러 사람을 거쳐 건축퍼실리테이터 홍경숙대표를 만나게 되었고 듣도 보도 못한 새로운 개념들에 대해 알게 되면서 가슴이 뻥 뚫리는 기분이었다.

"그래, 우리가 찾던 게 이거야! 교육청도 알면 흔쾌히 같이해 줄 거야!"

우리는 너무 순진했다. 교육청이 몰라서 못 해주는 거라고 생각하다니. 물론 교육청은 퍼실리테이터라는 개념도 마스터플랜도 모르고 있었다. 우리가 발바닥 땀나게 알아내서 어미 새가 새끼에게 벌레 물어다 주듯 알려주었다. "누가 그런 공부 하고 다니라 했습니까!"라는 소리 신임 동부교육장앞에서 들으며 얼굴 붉힌 적도 있다. (사실 속으론 억장이 무너졌다. 내 돈, 내 시간 들여가며 교육청이 해야 할 일을 하고 있는데 쓸데없는 일 하고 다닌다고 통박이라니!) 물론 나도 지지 않고 같이 큰소리 냈다. 2017년 교육공동체가 무너질 뻔했을 때 너무나도 나 몰라라 방관하던 교육청을 보았고 그 이후로 나에겐 그저 그런 시시한 공무원 집단으로밖에 보이지 않았다. 그때부터 나는 교육청을 같이 학교를 지어야 할 동반자가 아니라 민원의 대상으로 대했다. 그래서 학교건축소위원회에서 나는 '싸움' 담당이었고 '이 구역의 미친 년'이었다.

지금에야 많이 알려졌고 자기들도 알고 있었다고 하겠지만 그 당시 시설과 주무관은 퍼실리테이터라는 이름조차 생소해서 퍼실리레이터라고 했다가 퍼실레이터라고 했다가 퍼실테이터라고도 하며 얼버무리듯 얘기를 주고받았고 다음 회의 때 퍼실리테이터란 개념을 설명한 자료를 꽤 두툼하게 인쇄해 온 것을 우리는 다 보았다. 무려 네이버 지식 검색으로. (그때 담당자분 보시면 뒷목 잡을지도...하하!)

시간이 꽤 흐르고 나니 그때가 코믹하게 느껴진다. 실제 그 당시에는 하루가 멀다고 멘탈이 탈탈 털리며 체한 것처럼 속이 답답하고 두통에 시달렸고, 소주 한 잔 기울이며 안주 삼아 교육청을 씹는 것이 일상이었다. 이렇게 애쓰고, 애쓰는데 왜 저들은 꼼짝도 하지 않는지, 신경성 위염이 도져 고생한 것도 하루 이틀이 아니었다. 그래도 그때의 담당자가 지금의 담당 주무관보다는 나았던 것 같다. 그때는 시설과도 우리도 처음이라 지식이 전혀 없으니 동문서답하기 일쑤였고 매번 한 발 늦긴 했지만 알려고 애썼으며 나중엔 본인 역량으로는 해 줄 수 없는 부분을 조금은, 아주 조금은 미안해했다. 하지만 서로 좀 익숙해질 만할 때 담당자가 바뀌었다. 늘 있는 인사이동이니 아쉽지만 그러려니 했다. 하지만 지금의 담당자는 그전 담당자와는 달랐다. 전에는 콘크리트 담장이라면 지금의 담당자는 아이언맨이다. 무슨 말을 해도 자기 말만 반복하며 철벽을 친다. 역시, 아니 차라리 구관이 명관이다. 그런데 인사하면서 보니 안면이 있는 사람이다.

2018년도에 우리 학교의 사용자 참여형 학교건축을 정책화해보자며 여러 사람이 이리저리 애쓴 덕분에 교육감에게 정책 제안을 할 수 있는 기회가 닿았고 시교육청 정책기획팀 주관으로 사전협의회가 학교에서 열렸다. 표정만 봐도 머리채 잡혀 온 거 같은 -담당자가 될 수도 있지만, 아니고 싶은-사람들과 절대 담당자가 될 일 없어 보이는 해맑은 표정의 사람들이 우르르 왔다. 그날의 하이라이트는 정책기획팀장과 젊은 장학사(무슨 과인지도 모르겠다)였지만 존재감이 별로 없던 시교육청 주무관도 한몫했다.

얼핏 봐도 엄청 두꺼운 책을(아마 참여형 학교건축에 관한 책이었을 것이다.) 들고 와서는 뒤적거리며 "이 책을 읽고 있는데……."라며 얘기를 꺼내는데 요는 이것이었다. 본인은 시교육청 시설과 소속으로 중/고등시설 담당이라 초등은 모르겠고, 광주북초에 대해 알지 못하며 생각해 본 적 없다고 우리에게 1차 충격을 주었다. 알지 못하면 도대체 이 자리에 왜 온 것인가. 숫자로 우리를 제압하러 온 것인가. 답답했다. 그런데 이를 어쩌나, 지금은 시교육청에서 지원청으로 온 것도 모자라 우리 학교 담당 주무관이 되셨네? 이제는 광주북초에 대해서 모르면 안 될 자리로.

우리는 정책기획팀과 함께한 사전협의회를 통해 교육감간담회를 최대한 좋은 분위기로 이끌어서 우리의 제안이 정책화되는 것을 성공시키고 싶었다. 하지만 사전협의회는 우리에게 별 소득 없이 끝났다. 아무것도 모르는 새로운 담당자를 앉혀놓고 그간의 일을 다시 브리핑하는 자리밖에 되지 않았다. 광주북초의 사용자 참여형 학교건축 정책화가 왜 필요한지 애가 닳게 설명할 때마다 정책기획팀장은 이해하지 못하며 애먼 질문으로 우리를 답답하게 하더니, 왜 왔는지 모를 장학사 한 명은 우리에게 치명타를 날렸다. "그깟 마스터플랜, 5일이면 나도 도면 치겠네요" 너무 황당한 말이라 잘 못 들은 줄 알았다. 정신을 차렸을 땐 정책기획팀장과 함께 운동장을 유유히 빠져나가고 있었다. 돌아가는 그 뒤통수 위로 분명 나는 가운뎃손가락을 본 거 같았다. 누군 멍청해서, 생각이 없어서, 손가락이 없어서, 건축설계사에 건축과 교수님까지 모셔다 놓고 1년 반을 머리 싸매고, 날이면 날마다 만나서 공부하고 회의하고 했을까. 그날 나는 내 담당이었던 '이 구역의 미친 년' 모드를 끄고 있는 게 아니었다.

지금이라도 사과를 받고 싶다. 그 장학사의 한마디는 좋은 학교를 지어보고 싶다는 열망 하나로 개인의 이익 따윈 상관없이 2년여를 달려온 학교건축소위원회와 전문가그룹뿐 아니라 광주북초 교육공동체 전체를 아무것도 아닌 것으로 만드는 것이었다. 있을 수 없는 일이었다. 그때 멱살을 잡고 얘기를 해야 했는데. 저런 한심한 생각을 하는 사람이 장학사씩이나 하고 있으니 교육청이 그 모양 그 꼴이지. 하긴 일선 교사가 되면 더 큰 일이다. 아이들에게 얼마나 한심한 교육으로 악영향을 미칠지 눈에 선하다. 차라리 다행인가.

하지만 진짜는 며칠 후였다. 10여 일 뒤에 예정됐던 교육감 간담회를 취소했다는 청천벽력 같은 이야기가 들려왔다. 도대체 어떻게 된 일인지 모두 어안이 벙벙했다. 알고 보니 정책기획팀장이 사전협의를 해 보니 아직 교육감 만나서 얘기할 때가 아닌 것 같고 간담회 미루기로 한 거 아니었냐며, 그렇게 알고 취소했다고…. 까만 눈썹이 유난히 기억에 남던 정책기획팀장은 우리가 하는 말마다 말문을 막더니 끝내는 기가 막히게 했다. 우리는 라이트, 레프트, 훅까지 맞고 녹다운되었다. 아아, 갈매기와 페라가모여!

03

공동체 참여설계를 위한 워크숍

01 학생, 상상하다
02 교사, 상상하다
03 학부모, 상상하다

01
학생, 상상하다

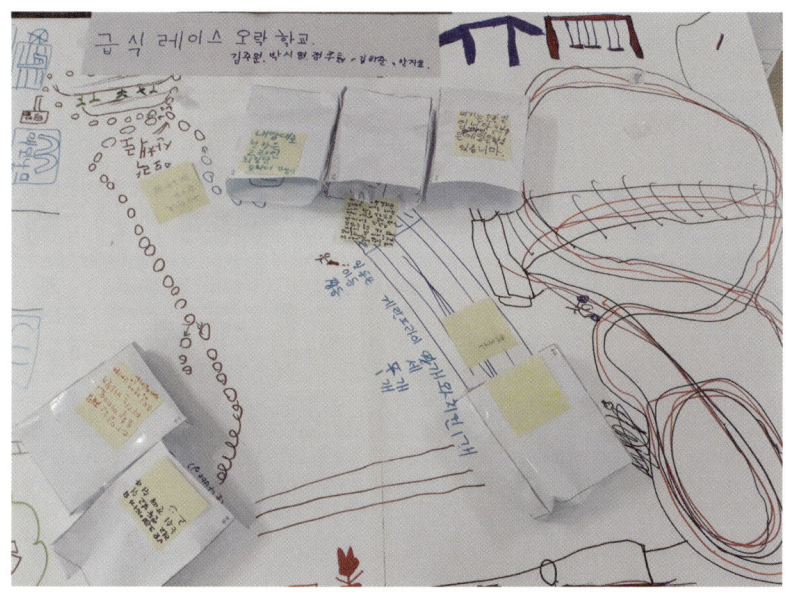

"밥을 먹으러 식당에 가기 위해 학교 한 바퀴를 뛴다. 그래서 학교 이름도 <급식 레이스 오락학교>다. 먼저 식당에 들어온 사람은 계란 프라이 10개와 치킨 1개, 2등은 3개, 3등은 1개를 받을 수 있다. 생각만 해도 웃음이 난다."

<학생 워크숍 _아이들 이야기>

1) 학생 워크숍 이야기

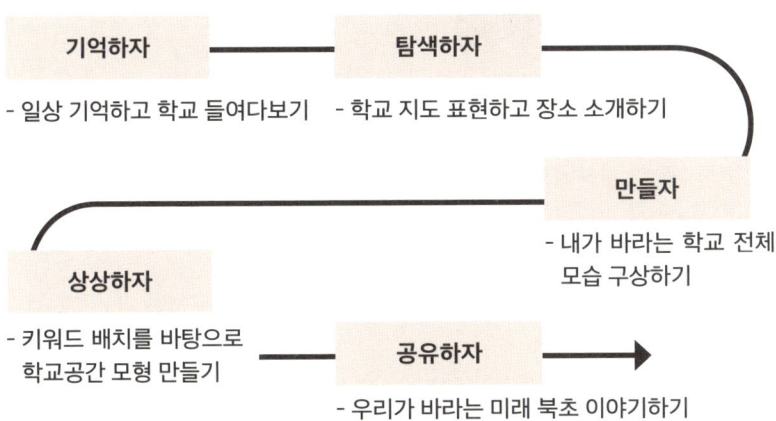

2018년 11월 퍼실리테이터와의 4차례 학생 워크숍이 시작되었다. 110명의 학생이 한정된 시간 안에 충분히 학교에 대한 생각을 꺼내게 하는 것이 목적이었다. 대부분 '학교공간을 바꾼다'라고 하면 안 좋은 곳, 낡은 시설을 어떻게 바꾸고 싶은가에 대한 이야기를 많이 한다. 그렇게 접근하게 되면 '건물이 오래되었다', '낡았다', '어둡다' 등 시종일관 건물에 대한 불만으로 가득 차기 쉽다. 일반적으로 학생들은 학교가 자기가 살고 있는 곳임에도 불구하고 스스로 만들어 갈 수 있는 장소라고 생각하지 않는다. 공간에 대해 말할 경험이 없다 보니 건축에 대한 발상이나 어휘사용에도 한계가 있다. 하지만 4번의 학생 워크숍 속 북초 아이들의 학교는 곳곳이 놀이터였고 배움이었다. 학교는 낡고 오래되었지만, 학교 곳곳에 소중한 추억들이 함께 하고 있는 삶터였다.

나와 친구들이 철봉에서 '똥통'을 할 때, 돌봄교실 아이들은 시소를 탄다.
나와 친구들은 운동장에서 축구를 할 때, 다른 친구들은 런닝맨 놀이를 한다.
<학교공간 관찰하기> 중 3학년 글 중에서

　첫 시간, 학교를 생각하면 떠오르는 단어를 지도 위에 적고 어떻게 학교를 인식하고 있는지 살펴보았다. 북초에서의 경험을 중심으로 학교공간을 살펴보는 작업이다. 아이들 이야기 속에는 놀이와 쉼에 관한 이야기가 대부분이었다. 아이들의 이야기를 따라가다 보니 아이들의 놀이는 학교 어디쯤 있는지, 배움은 어디쯤 있는지 하는지 알 수 있었다. 1, 2학년 수업의 경우 표현이 아주 자유로웠다. 거침없었고 자기가 중요하다고 생각하는 지점부터 나타냈다. 아이들은 학교에 대해 생각하는 다양한 단어를 쏟아 냈다. 파랑새, 치유, 아띠북, 백일홍, 왕버들, 학교, 학생 등 아이들은 학교 안 곳곳에 숨어있는 행복한 일상을 이야기했다.
　같은 형태였지만 3, 4학년의 수업은 달랐다. 3, 4학년의 경우 밖으로 나가 아이들에게 의미 있는 공간에서 퍼실리테이터(촉진자)와 대화를 나눴다. 철봉에 매달려서 주거니 받거니 대화를 나누다 보니 재미있는 지점을 발견할 수 있었다. 학생들은 놀이와 배움의 경계가 따로 있다기 보다는 학교 전체를 놀이와 배움의 공간으로 보고 있었고, 학교 건물이 단층이다 보니 위에서 학교 전체를 내려다보고 싶어 했다. 학년이 올라갈수록 지도로 표현하는 것이 굉장히 익숙했는데 5학년의 경우 학교에서 오래 살아서인지 학교 전체를 조망하는 듯한 인상을 받았다. 지도 그리기를 마치고 발표를 위한 장소로 아이들은 숲놀이터를 꼽았다. 1학년부터 6학년이 모두 함께 사용하는 장소라는 이유였다. 아이들이 놀이와 쉼이 있고 동시에 전 학년을 함께 아우르는 학교공간을 만들기 위해 학교가 어떤 공간이 되어야 하는지 퍼실리테이터(촉진자)와 이야기를 나누었는데 어른인 나도 고개가 절로 끄덕여졌다.

(촉진자) 어떻게 하면 놀이, 쉼이 모두를 아우를 수 있는 학교가 될 수 있을까요?
(학생) 편안하고 오고 싶은 공간이 되면 되지 않을까요?
(촉진자) 어떻게 하면 편해질까요?

(학생A) 나무나 초록색을 보면 편안하다고 느끼는데 그래서 자연환경이나 풍경도 아름답고 모두가 참여할 수 있는 그런 공간이 모두 오고 싶은 공간이 될 것 같아요.

(학생B) 어떤 공간이 오고 싶은 공간이 될 것 같냐면. 자신의 취미. 자기가 좋아하는 것을 할 수 있는 추억을 쌓을 수 있는 공간이 좋은 공간일 것 같아요.

(학생C) 오고 싶은 공간이 되어야 해요. 어떤 학년에게도 지루하지 않아야 하는 공간. 스릴이 넘치는 재미있는 것을 많이 만들어야 해요. 저학년 고학년 모두 지루하지 않은 숲 놀이터 공간이 많이 생기면 좋겠어요.

학생은 학교에 대해 가장 잘 알고 사용하고 있으며, 학교를 가장 사랑하는 사람들이다. 하지만 우리는 그동안 학생들에게 단 한 번도 묻지 않았다. 어떤 학교에 살고 싶은지.

학생들이 학교에 대해 생각한 단어는 총 505개였다. 그중 가장 많이 나왔던 말은 '나무'였다. 북초의 모든 이야기는 바로 이 '나무'에서 시작한다. 505개의 단어를 크게 공간, 자연, 사람으로 묶고 이 주제에 맞게 우리 학교가 어떻게 변하면 좋을지 상상해보는 시간을 가졌다. 학생들은 긴 띠에 "북초에 꼭 남겨야 하는 것들"을 주제로 생각나는 단어들을 적고 둥글게 만 뒤 자기가 그린 학교 지도 곳곳에 놓았다. 마라톤대회 때 달렸던 마을 길, 가족 캠프를 했던 구령대, 왕 고구마를 캤던 텃밭. 분명 앞으로의 학교 모습을 나타내 보려고 했는데 아이들 중에 지금의 모습을 그대로 놔둔 아이들이 많았다. "저는 여기가 만족스러워요. 제가 여기에 이것들을 붙인 건 추억들이 있어서인데 새로 만들게 되면 제 추억들이 사라지는 게 싫어요." 어른도 아이도 학교를 바꾸고 싶어 하기보다는 기존의 것을 사랑했고 지키고 싶어 했다.

9*7인치의 직사각형 교실 모듈을 사용해서 학교공간을 꾸며보았다. 신기하게도 북초하면 떠오르는 단어들이 학교공간 안 보다는 밖에 집중되어 있었다. 다양하게 나온 공간을 배치하다 보니 2층으로 올라가기도 하고 옆으로 넓게 퍼지기도 했다. 학생들은 보건실을 무척 좋아했는데 햇빛이 가장 잘 들어오는 중앙에 놓고 아늑하고 따뜻한 공간이 되길 원했다. 또, 운동장으로 바로 나가길 원할 것이라는 어른들의 생각과는 다르게 교실을 2층으로 올리고 싶어 했다. 단층에서만 생활한 아이들에게 2층은 새로운 경험이었고 위에서 학교 전체를 내려다보고 싶어 했다. 그리고 숲을 중심으로 다양한 배치를 이야기했는데 교실과 도서관, 급식실 등이 숲을 향해 열려 있기를 원했고 내부와 외부가 자연스럽게 연결되기를 원했다. 특정실이라고 이름 붙이기보다는 실들이 연결된 곳에서 모임, 놀이, 자연 활동 등을 하고 싶어 했다. 교실 건물이 하나의 건물로 되어있거나 아예 없는 아이들도 있었다. 교실은 없지만 무조건 놀면서 배운다는 학생들도 있었다. 학생들은 놀이와 쉼에 대해 끊임없이 이야기 했는데 놀이가 배움이고 그들의 삶임을 생각해본다면 그다지 놀랄 일도 아닌 것 같다.

 지난 시간 직사각형 모듈을 배치해둔 작품에 외관을 만들어 보는 활동을 했다. 우드락을 길게 잘라놓은 것과 백업(스티로폼 막대)을 핀이나 이쑤시개를 이용해서 옆으로 붙여 전체를 만들어 보았다. 엉성하고 엉뚱하기도 했지만, 아이들만이 바라는 다양한 공간과 내용이 숨어있었다. 학교 입구부터 운동장까지 높은 다리를 만들어 연결해 놓은 모둠이 있었다. 학교 안으로 걸어오는 동안 높은 다리 위에서 학교 전체를 내려다보며 산책하고 싶다는 이유였다. 본관과 운동장 숲놀이터 곳곳에 건물을 두고 집라인으로 오고 가고 싶다는 모둠은 그 안에서 책도 읽다가 밥도 먹다가 재미나게 놀고 싶다는 이야기도 했다. 학년이 올라갈수록 교실의 일자형 배치나 야외 화장실, 중앙 현관으로 들어가는 구조 등 정형화된 모습도 보였다.
 워크숍 중간중간 편의점, 롤러장, 애견카페 등을 몽땅 만들어 놓았을 때는 아이들 상상의 공간이구나 싶었는데 그것을 보고 아이들의 요구나 바람을 공간으로 풀어 해석하는 퍼실리테이터(촉진자)의 능력은 참으로 놀라웠다. 교사인 나도 학교에서 막상 아이들이 어떻게 지내는지 무엇을 원하는지 살펴보기보다는 "그래그래"라고 하며 지

나치고 사는 경우가 많은데 아이들 이야기 하나 하나를 살펴서 스케치하는 모습을 보며 과연 나는 아이들을 얼마나 깊게 들여다보고 있는 것일까? 라는 반성도 했다.

> **[학생 이야기] 내가 학교를 만든다고?**
>
> 학교를 만든다. 1, 2교시에 이게 무슨 봉창 두드리는 소리인가 싶었다. 하지만 들어보니 게임도 아닌 현실로 진짜 만든다는 게 내게는 설렘으로 다가왔다. 나에게 북초는 집이자 놀이터다. 그래서 더욱 참여하고 싶었다. 내가 학교를 만든다고 생각하니 머리에 많은 생각이 지나가면서 즐거워졌다. 비록 모든 게 바뀌지는 않지만, 학교 제작자에 내 이름이 들어간다고 생각하니 멋지지 않은가?
> 나는 운동장을 좋아한다. 시간을 많이 보내기도 하고 친구도 있고 모든 것을 하는 곳이기에 나는 운동장을 만드는 데 온 힘을 쏟았다. 앞으로 학교가 오면 즐거운 학교, 수업 끝나고 친구들과 뛰어가서 놀다가 집에 갈 때 아쉬워하는 그런 곳이 되면 좋겠다.
>
> 6학년 박시후

2) "향나무에 커다란 꽃이 피었습니다." _ 교사 시점

출근하는데 한 아이가 향나무 꼭대기에 앉아 있었다. 그 모습이 너무 재미있어서 사진으로 남기곤 아이의 엄마에게 문자로 보냈다. "향나무에 커다란 꽃이 피었습니다." 아이가 왜 그랬는지는 나중에 듣게 되었다. 엄마는 아이에게 왜 거기에 올라가 있었는지 물었다고 했다.

그 날따라 평소보다 일찍 등교하게 된 아이는 함께 놀 친구들을 기다렸다. 숲에 가려서 친구들이 등교하는 모습이 보이지 않는데 나무 위에 올라가면 멀리서 친구들이 오는 모습이 잘 보인다는 것이다. 기다

리는 마음, 학교가 끝나면 데리러 올 엄마를 기다리고, 함께 놀 친구가 등교하기를 기다리는 마음은 나중에 설계사에 의해서 건축에 반영되었다. 도서관 다락방에 벙커처럼 만들어진 공간에 큰 창이 있는데 이 창이 교문 쪽 숲을 향해 있다. 여기서 보면 교문에서 숲길을 따라 들어오는 사람을 볼 수 있다.

학생 워크숍은 때론 가장 약한 목소리로 무시하기 쉬운 아이들의 이야기가 건축에 반영될 수 있게 도움을 주었다. 더불어 구성원 모두의 욕망과 의견이 부딪힐 때 아이들의 의견을 중심으로 합의할 수 있게 해 주었다.

학교 건물 1층 중앙 현관은 오랫동안 권위의 상징이었다. 예전에는 어느 학교나 교장이 바뀌면 중앙 현관부터 손봤다. 역사가 오랜 학교일수록 역대 교장의 사진과 이름이 쭉 나열되어 있거나 학교가 받은 트로피나 상장이 진열되어 있었다. 그나마 조금 나은 게 학교의 교육 철학을 쓴 전시물을 제작해서 게시하는 정도다. 중앙 현관은 근엄하고 조용해야 하며 아이들의 통행이 금지된 곳이었다. 보통 그 중앙 현

관의 좌우로 교장실, 교무실, 행정실이 있다. 우리 학교는 원래 분교였기 때문에 1층에 교무실이나 교장실이 없고 바로 교실이 있다. 본교로 승격되면서 운동장 한 켠에 2층짜리 컨테이너를 놓아 교장실, 교무실 등 행정동을 만들었다. 따라서 중앙현관이 급식을 받는 곳이기도 하고 동시에 아이들이 운동장으로 뛰어 나오는 통로이기도 하다.

처음에는 부모나 교사나 당연하게 볕이 잘 드는 남향으로 쭉 뻗은 지금 건물의 1층에 교실이 있어야 한다고 생각했다. 교실이 2층으로 가는 것은 권위주의로 돌아가는 것처럼 여겨져서 거부감마저 들었다. 또, 언제나 바깥 활동을 즐기고 운동장에서 뛰노는 우리 학교 아이들에게 1초도 안 돼서 운동장으로 뛰어나갈 수 있는 1층 교실을 포기한다는 것은 말이 안 되었다. 그런데 아이들의 워크숍을 지켜보면서 생각이 달라졌다. 2층이라고는 컨테이너 동 밖에 없는 학교에서 아이들은 2층에 대한 동경이 있었다. 높은 곳에서 내려다보고 싶어 했다. 예쁜 카페에 가면 언제나 2층이 인기가 있듯이 아이들도 2층을 좋아했다. 아이들은 철봉에, 늑목에 오르며 2층에 대한 아쉬움을 달래고 있었다. 그렇게 해서 교실이 2층으로 올라갔다. 새로 지어지는 건물로 교실이 모두 옮겨가고 1층에는 1, 2학년 교실이 2층에는 3, 4, 5, 6학년 교실이 배치되었다. 대신, 아이들이 쉽게 바깥 활동을 할 수 있게 교실에서 잔디마당으로 바로 나가는 문을 만들고 2층에도 야외 테라스와 계단을 두어 동선을 배려해 설계되었다. 아쉽게도 2층 테라스와 계단은 나중에 설계에서 빠졌다. 예산이 많이 든다는 이유와 안전상의 이유였다. 우리 학교 건축 과정에서 가장 아쉬운 부분이다.

어른들은 도서관을 중요시했다. 학부모도 교사도 아이들이 책을 가까이하고 많이 읽고 즐겨 읽을 수 있는 공간을 만들어 주어야 한다고 생각했다. 하지만 아이들의 생각은 달랐다. 아이들은 사랑하는 장소는 보건실이었다. 아이들은 제일 좋은 자리 볕이 잘 들고 전망이 좋은 곳에 보건실을 두고 주변에 다른 교실을 배치했다. 보건실을 예쁘게 꾸며서 침대에 누워 쉴 수 있게 만들고는 교실하고 가까이 두었다. 쉼이 있고 따뜻한 돌봄이 있는 장소가 보건실이었던 모양이다. 우리 학교 보건 선생님은 100명의 주치의라는 생각을 가끔 한다. 늘 배앓이를 하는 아이, 어떤 과목 수업에는 두통을 호소하는 아이, 친구와 관계가 힘들어 보건실에 오는 아이들을 잘 알고 있다. 6년 동안 커가는 모습을 지켜보고 아이들이 아픈 이력을 잘 알고 이해하고 있다. 걱정하고 위로하고 쉬게 한다. 아마 잔소리도 할 것이다. 아이들이 보건실을 좋아하는 이유에는 보건 선생님과의 관계도 있다. 교실도 때로는 돌봄과 쉼, 배움이 함께 있는 장소일 수는 없을까?

아이들은 학교에서 산다. 교실에서 공부만 하는 것은 아니다. 아이들이 등교해서 집에 갈 때까지 동선을 따라 장소를 살펴보게 되면서 더 깊이 아이들을 읽게 되었다. 교실에서 늘 아이들을 보고 관찰하고 이해하고 있다고 생각했는데 그게 다가 아니었다. 학교가 아이들의 삶의 공간이라는 말이 때론 낯설고 이해가 잘 안 됐는데 학생 워크숍을 통해 지켜보니 아이들은 진짜 학교에서 살고 있었다. 교사는 어쩌면 교실에서의 모습만을 보며 아이들을 안다고 생각하고 있는지도 모른다. 학생 워크숍을 하면서 2학년 교사가 말했다. "아이들에게 아지트가 있대요. 거기가 어디냐고 물어보니까 죽어도 안 가르쳐 줘요. 왜 선생님이 알려고 하냐고요."

배롱나무에 우산도 걸고 책가방도 걸고는 바닥에는 돗자리를 깔고 아이들 서너 명이 매달려 있는 것을 봤다. 어느 날에는 후문 옆에 냇가로 가는 작은 길을 내고는 물길이 낮은 곳의 큰 돌 위에 바구니도 놔두고 나뭇가지도 모아두고 매일 가서 옷이 젖도록 노는 것도 봤다. 가을에는 떨어진 낙엽을 모아두고 어디서 주워왔는지 모를 천 조각들로 덮어두고는 옹기종기 모여서 수다 떠는 모습을 봤는데 누군가 불나면 어떡하냐고 걱정해서 고민하다가 깔끔하게 치워버린 적도 있었다. 그런 모든 곳이 아이들의 아지트였던 모양이다. 어른들이 알면 없어져 버리는 곳. 학부모 워크숍을 하는데 한 학부모님이 "우리 애는 5학년인데 배롱나무, 천변(냇가)은 다 뗐고요. 대나무 숲에 움푹 파인 골이 있는데 거기를 낙엽으로 덮고는 무슨 군대 훈련을 하듯이 들어가서 기어 다니면서 숨고 놀아요"라고 하셨다. 엄마들도 아지트를 알고 있었다. 지금은 그런 곳이 달리 보인다. 교실 공간을 이야기할 때 내가 사는 집 같은 교실을 이야기하며 편의성만을 강조하는 경우가 많은데 아이들에게 학교에서 만날 수 있는 다양한 삶의 공간을 입체적으로 제공할 수 있다면 더 좋겠다는 생각도 든다. 우리 학교에서는 자연이 그런 역할을 하고 어른들은 그것을 방해만 하지 않으면 된다. 아이들이 소중하게 여기는 공간을 어떻게 지켜줄까 하는 고민도 설계할 때 중요한 화두였다. 최소한의 건물만을 두고 나무와 숲 그리고 아이들의 공간을 지키는 것. 학교를 지으면서 이런 고민을 하는 것이 이상한 걸까?

3) 아이들을 이해했다는 착각 _학부모 시점

　아이들의 워크숍은 수업 중에 이루어져 궁금했지만, 참관을 할 수 없었다. 공유회를 통해 전달된 아이들의 워크숍 내용은 '우리들이 그동안 착각 속에 살았구나' 하는 충격을 줬다.

　수업이 끝나면 많은 아이들이 운동장 한 켠에 덩그러니 서 있는 늑목 주변으로 몰려든다. 볼 때마다 '늑목이 그리 재미있나. 좀 위험해 보이는데?' 하는 생각을 자주, 그러나 그리 깊지 않게 했다. 아이들의 워크숍을 통해 아이들이 늑목에 오르는 이유를 알게 되었다. 우리 학교는 단층의 낮은 건물 하나가 덩그러니 있고 그나마 있는 2층의 컨테이너는 행정동으로 아이들의 생활반경에 들어가지 않는다. 항상 낮은 곳에서 생활하는 아이들은 높은 곳에 올라 운동장을 한눈에 보기를 원했고 하늘도 좀 더 가까이 보기를 원했다. 유일하게 우리 학교에서 아이들이 오를 수 있는 높은 곳이 늑목이었고 이것이 아이들이 늑목에 오르는 이유였던 것이다. 학부모들은 아이들이 운동장으로 자연으로 쉽게 나갈 수 있게 교실에서 외부로 나가는 문이 있는 1층의 교실을 원했다. 당연히 아이들도 우리와 같은 생각일 줄 알았다. 아이들은 학부모들과는 전혀 다른 생각을 가지고 있어서 충격이었다. 논의 끝에 아이들의 의견을 존중하여 1학년과 2학년을 제외한 나머지 학년들이 2층으로 배치되는 설계의 변경을 가져왔다.

　아이들이 워크숍 동안 그렸던 새로운 학교에는 화장실이 모두 밖에 있었다. 요즘 화장실이 밖에 있는 경우가 어디에 있을까? 하물며 시골 할아버지 댁에 가서도 밖의 화장실은 무섭다고 근처도 안 가는 아이들이 학생 워크숍에서 그린 그림 속의 학교 화장실은 모두 밖에 있었다. 아이들은 자신들의 경험이 세상 전부라고 했다. 아이들은 학교 입학해서 처음부터 실외화장실을 사용한 경험만 있기 때문에 화장실을 건물 안에 넣을 생각을 못 한다는 것이었다. 열악한 환경에 대해 담담히 받아들인 아이들에게 대견함과 안쓰러움이 같이 느껴지는 순간이었다.

학부모들은 아이들이 밖에서 신나게 노는 것도 좋지만 차분히 앉아서 책을 읽는 것도 원했다. 학부모 워크숍 내내 도서관에 큰 비중을 두고 많은 이야기를 나누었다. 이야기를 나누는 내내 아이들은 도서관에 별 관심이 없을 거라는 추측을 하면서 말이다. 하지만 아이들의 워크숍 내용을 들여다보니 많은 아이들이 도서관에 관해 이야기를 한 것을 알았다. 파란 하늘이 보이는 곳에서 책을 읽고 싶어요, 도서관을 학교 숲 안에 지어주세요. 등등……. 아이들은 아이들대로 도서관에 대해서 생각을 가지고 있는 듯해서 안심되었다.

아이들이 최고로 사랑하는 장소가 보건실이라는 것도 충격이었다. 물론 보건 선생님이 상냥하고 친절해서 아이들이 좋아하는 이유도 있을 것이다. 우리 생각에 보건실은 아프면 가는 곳인데 아이들은 보건실이 아프면 당연히 가는 곳이고, 기분이 우울해도 가는 곳이고, 피곤해서 잠깐 누워 있고 싶을 때도 가는 곳이고, 친구들과 비밀 이야기를 나눌 때 가는 곳이었다. 정말 다양한 이유로 보건실에 가고 있었다. 자신들이 자주 다니는 장소인 만큼 아이들은 보건실이 학교 건물 제일 좋은 곳에 있기를 원했고 좋은 경치와 넓은 공간에서 편히 쉬고 싶다고 했다. 아이들이 학교의 어느 공간에서 몸과 마음을 추스르는지를 알 수 있게 되었다. 학부모들만의 착각에서 벗어나 아이들을 훨씬 더 잘 이해하게 된 시간이었다.

오늘도 어김없이 아이들은 늑목에 올라가 있다.
'애들아, 조금만 기다려. 너희들이 원하는 내려다보는 넓은 세상을 줄게'

02
교사, 상상하다

"저는 교실과 교실 밖이 연결될 수 있는 공간이 되었으면 좋겠어요. 지금은 닫혀 있는 공간인데 손쉽게 나갈 수 있고 너무 갇히지 않고 보호되면서 열려 있는 공간. 아이들이 와서 놀고 휴식할 수 있는 건강하고 안전한 공간. 그런 것은 교실이 될  수도 있고 보건실. 따뜻한 공간을 고민하고 있습니다."

"결국에는 교실을 고민하고 있다고 생각해요. 저는 배움에 대한 고민이 있어요. 아이들의 다양성에 맞춰줄 수 있는 배움은 무엇이고 그것을 보조할 수 있는 공간은 어떤 모습일까요? 아이들 하나하나 맞추는 개별화 교육에 대한 고민. 아이들 각각한테 다른 활동이 필요한 것은 아닐까요?"

<교사워크숍 중>

1) 교사 워크숍 이야기

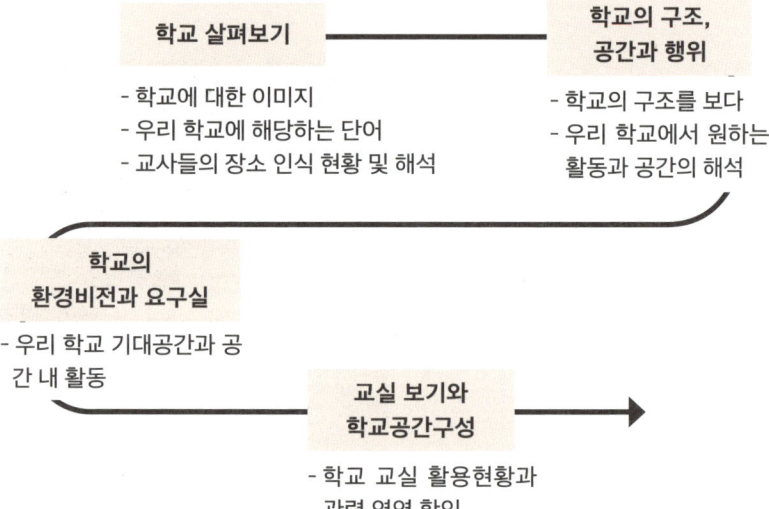

[교사 디자인 워크숍 운영과정]

교사 워크숍은 약 반년에 걸쳐 진행되었다. 교사만큼 교육에 대해 많이 이야기하고 사는 사람도 없지만 바쁜 일상에 묻히다 보면 깊이 있게 학교를 들여다보기도 쉽지 않다. 그런 의미에서 학교 건축을 주제로 심도 있는 이야기를 나눌 수 있는 것은 매우 다행스러운 일이었다. 학교의 역할이나 의미, 앞으로 학교가 가야 하는 지향점에 관한 이야기들이 충분히 오고 갔고 그에 따라 교육과정의 내용이나 체계도 다시 손 봤다. 교사들마다 각자 추구하고 있는 것들이 달라 초반에는 합의되지 못한 부분도 많았지만, 서로의 생각이 공간을 주제로 조금씩 좁혀지는 과정은 내게 많은 생각을 하게 했다.

시작은 퍼실리테이터(촉진자)없이 교사들이 모여 학교에 대해 생각해 보는 시간이었다.

> 1. 왜 우리는 새로운 공간을 바라는가?
> 2. 우리는 왜 가르치는가? / 학생들은 왜 배우는가?
> 3. 우리는 무엇을 가르치는가?
> 4. 교사가 생각하는 학교는 어떤 공간인가?
> 5. 학교건축기본방향, 교사가 생각하는 연결, 생태, 인권?
> 6. 교사가 생각하는 학생의 쉼, 놀이, 배움은 무엇인가? 교사는 어떻게 학교에서 살고 있는가?

학교건축소위원회에서 학교건축비전으로 연결, 생태, 인권을 제시했지만, 교사들도 그렇게 생각하는지는 의문이었다. 다른 키워드에는 큰 이견이 없었지만, 연결이라는 단어에는 의견 차이가 있었다. 학부모는 학교를 추억의 공간으로 보고 과거와 현재, 앞으로 광주북초를 다니는 아이들을 연결하는 것이라고 생각하고 있다면 교사들은 연결보다는 학교에서 일어나는 배움과 쉼, 만남 등에 좀 더 중점을 두어야 한다고 말했다. 같은 학교를 두고도 교사와 학부모의 시선이 달랐다. 학부모는 아이의 학교이지만 아이가 졸업할 때 "우리도 졸업한다."라는 표현을 쓴다. 북초에서의 6년은 아이와 부모가 학교를 같이 다니는 시간이었다면 교사들에게 북초는 학교였다. 교사와 학생이 있고, 가르침과 배움이 있는 곳. 교사들은 학생들에게 배움과 쉼, 놀이 등이 어떤 의미인지 중점적으로 이야기했다. 교사는 학교에서 어떻게 살고 있는지 무엇을 가르쳐야 하는지 현재 살고 있는 모습을 이야기했고 지금 학교에서 하는 활동들의 덜어내기를 통해 1학년부터 6학년까지 하나로 꿰를 꿰는 교육과정이 필요하다고 말했다.

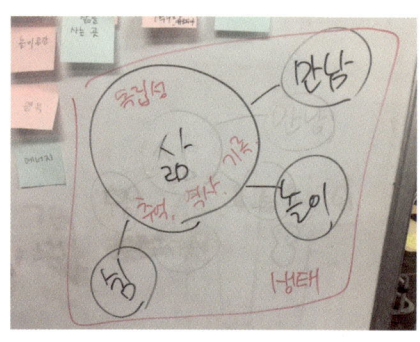

교사에게 광주북초는 "교육공동체의 삶(만남, 놀이, 쉼)이 기록된 추억의 공간이다."

퍼실리테이터(촉진자)와의 본격적인 워크숍이 시작되었다. 퍼실리테이터(촉진자)는 단순히 낡고 노후화된 시설을 깨끗한 것으로 바꾸는 정도가 아닌 다양한 배움과 수업, 앞으로 광주북초가 지향해야 하는 가치를 담아내는 공간을 상상할 것을 요구했다. 첫 시간 〈우리 학교는 ☐☐☐☐ 이다〉의 물음에 선생님들의 답은 다음과 같았다.

숲이 아름다운 작은 학교에서 아이들이 **뛰어노는** 곳
자연이 살아 숨 쉬는 생태학교
즐거운 **추억을 만들어 가는 곳**
자신의 생각을 **자유롭게 표현**하는 곳
아름다운 자연과 함께 하는 작고 행복한 학교

자연과 어울려 **꿈을 키워가는** 학교
자연 속에서 **더불어 살아가는** 교육공간
푸른 **나무와 꽃** 들이 숨 쉬는 아름다운 정원
공동체가 끊임없이 **소통하는** 만남의 장

숲과 자연, 공동체라는 말이 많이 나왔다. 교사가 학생들과 하고 싶은 활동들도 학교 건물 안보다는 학교 밖에서 많이 나타났다. 교사들도 학생도 학부모도 하고 싶어 하는 많은 활동이 밖에 있지만, 그에 반해 교육과정은 그러지 못했다. 그렇다면 학교 내부는 이러한 교육과정을 운영하는 환경으로서 적절한가? 라는 물음도 던져졌다. 교육과정이 학교 환경을 고려하지 못하는 것에 대한 고민이 시작되었다. 북초의 특성상 마을의 범위와 관계를 어떻게 보는 것이 좋을지에 대한 이야기도 나왔다. 교사들이 이전에는 문제라고 생각하지 못한 지점을 마주하게 되었다.

교사들이 하고 싶었던 활동들은 주로 외부에 있었다. 그러다 보니 외부공간과 내부를 어떻게 연결할 것인가에 대한 의견들이 계속 오고 갔다. 교사들은 운동장이나 자연(숲)으로 바로 연결될 수 있는 외부로 향하는 문, 학생들을 맞이할 수 있는 환대 공간, 소규모 그룹 토의가 가능한 활동 공간, 독립된 개인 창작 공간, 숨을 수 있는 곳이 교실 내에 필요하다고 생각했고 바로 옆에 상담실이나 교사 연구 지원실이 있어서 수업 시간 등 필요한 경우 독립된 공간에서 상담을 할 수 있는 곳을 원했다. 교실을 중심으로 소리음악실, 몸 놀이실, 메이

커랩, 도서관, 발표 모임을 하는 곳이 교실과 인접하게 모여 있어 그곳에서 실을 이동하며 수업을 확장할 수 있으면 좋겠다는 의견들이 모였다.

 교실에서 일어나고 있는 활동을 가만히 살펴보고 필요한 특별실의 기능을 묶어 교실을 중심으로 배치하다 보면 동선이 다양하게 연결되면 의외로 실마리가 쉽게 풀린다. 하지만 교사들은 교실이나 내부 공간을 상상하기를 머뭇거렸다. 마음껏 만들었다가 다음 사람이 사용할 때 불편하다고 하면 어떻게 하지? 현재 만든 사람이 나가고 사람들이 바뀌었을 때 공간은 어떻게 지속하고 유지될 수 있지? 에 대한 고민을 했다. 많은 학교가 공간을 만든 사람이 나가고 나면 다시 죽은 공간이 되거나 관리와 활용에 어려움을 겪어 문을 잠그는 일이 벌어진다. 실제로 인사이트 투어를 갔던 학교 중에는 지어질 때의 목적이나 이유와는 달리 후에 사용하지 않고 방치하는 경우가 있었다. 정말 공간은 만들고 나면 끝인 것일까? 공간에 대한 진짜 이야기들은 사람이 살면서부터 시작된다. 학교는 현재를 사는 사람들이 충분히 고민한 뒤 만들어 사용해보고, 시간이 지나면 다음 사용자가 오더라도 언제든지 필요에 의해 계속해서 만들고 바꿀 수 있는 곳이어야 한다.

 교육의 내용은 전보다는 많이 변했고 앞으로 더 변해갈 것임에도 불구하고, 지금의 학교공간은 분명 교사가 하고 싶은 많은 활동들을 못 하게 한다. 동시에 공간에 대한 교사의 생각이 변화하지 못하는 것도 문제다. 학생들의 의사소통이 활발하게 일어나는 교실은 어떻게 만들 수 있을까? 학생들이 배운 것들은 어떤 형태로 누적되어 전시되어야 배움을 촉진시킬 수 있지? 배움은 꼭 학급 안에서만 일어나는 것인가? 등 학교에 있으면서 들었던 많은 질문을 정리하고 이를 지원할 수 있는 환경에 대해 학교에 사는 사람들과 함께 이야기를 나누다 보면 우리가 바라는 학교의 모습에 한 발짝 다가서게 될 것이다.

2) 소통은 오해다 _교사 시점

혁신학교는 항상 학교 비전과 철학에 대해 교사 간에 합의하고 학교 교육과정을 함께 만든다. 민주적인 의사소통이 가능한 구조이기 때문에 토론하고 대화하는 것에 익숙하다고 생각했다.

교사 워크숍을 준비하면서 우리보다 먼저 청소년 공간을 만든 경험이 있는 청소년 삶디자인센터 박형주센터장의 이야기를 듣게 되었다. 어떤 교실을 지을지, 어떤 학교 건물을 만들지를 생각하기에 앞서 학교가 아이들에게 어떤 프로그램을 제공하려고 하는지 학교 교육과정이 어떤 내용인지를 살피라고 했다. 학교 교육과정이 지금의 학교공간이 내용을 실천하는 데 적합하다면 학교를 새로 지을 필요가 있겠느냐고 했다.

이 조언을 아주 인상 깊게 받아들인 교사도 있었고 오히려 공간을 이야기하는데 또 교육과정 논의인가 하는 의견을 가진 교사도 있었다. 우리는 늘 교육과정을 논의하고 고민하고 있지 않은가? 학교 교육과정은 이미 토론과 고민을 거듭해 잘 정리되어 있고 해마다 책자로 발행되고 있지 않느냐라는 것이었다. 게다가 광주북초 교육과정은 혁신학교 4년 차를 맞아 거의 정형화되어 있는 상태였고 그 틀은 견

고했다. 그런데 막상 아이들을 들여다보고 이해하게 되니 교육과정에서 아이들의 삶을 제대로 반영하지 못하고 있다는 것을 깨닫게 되었다. 교실 안에서 수업을 하는 시간 외에 아이들이 많이 활동하는 공간은 전혀 생각하지 못했던 부분이었다. 그래서 아이들의 동선과 아이들이 노는 공간, 학교를 둘러싼 외부공간을 어떻게 교육과정에서 활용할 것인가를 생각해 보게 되었다.

학교 교육과정이 무엇을 담아야 하느냐도 새로운 질문이었다. 한 학년이 1개 반으로 이뤄진 작은 학교. 공동체 구성원의 독특한 특성, 학교를 둘러싼 지역사회의 특성, 그리고 북초만이 가지고 있는 문화와 자연의 특성 등 이것을 반영한 교육과정이 되어야 한다고 생각하게 되었다. 이런 생각은 건축에도 반영되었다. 교육청과 건축설계자와 대화에서 "우리 학교에는 배구코트가 갖춰진 규모의 강당은 필요 없어요"라든가 "아이들이 언제든 밖으로 뛰어나가 놀 수 있게 동선을 고려해 주세요." 같은 말을 하게 되었다. 사용자의 의견을 말한다는 것은 학생과 학교 공동체가 어떻게 사는가, 어떤 교육과정을 갖고 있는가를 말하는 것이고 교사 워크숍은 이를 위한 과정이 되었다.

교사 워크숍을 진행하면서 나온 학교의 비전과 가치는 '자연'과 '공동체'였다. 학생, 학부모의 생각과 크게 다르지 않았다. '자연이 살아 숨 쉬는 생태학교', '아름다운 자연과 함께하는 작고 행복한 학교'라는 키워드가 중심이었다. 문제는 그 가치가 학교 교육과정에 어떻게 반영되어 있고 더 나아가 수업에서는 어떻게 실천하고 있는가이다.

우리 학교 교육과정은 혁신학교 초기에 많은 학교가 해 왔던 다양한 프로그램이 대부분 들어와 있었고, 외부 강사가 수업하는 시간의 비중이 꽤 많았다. 따라서 교사가 운영할 수 있는 창의적 체험활동 시간이 거의 없었다. 교육적으로 좋다고 하는 프로그램을 모두 가져와서 다 하려다 보니 백화점식 운영이 되고 있다는 회의적인 평가가 많은데도 한 번 들어온 프로그램을 없애는 것은 더 어려웠다.

반면에, 생태교육이라는 이름으로 이루어지는 수업은 텃밭 수업 하나였는데 이마저도 시간 배정은 적었다. 학부모가 강사가 되어 운영하는 수업으로 수업의 질은 높은 편이었지만, 교사와 협업하지 않아 교육과정 안에서 운영되지 못하는 모양새였다. 이 밖에도 생태교육 프로그램이 학부모와 지역사회의 도움을 받아 학년별로 운영되고 있었는데 문제는 대부분 교사가 학급 교육과정 안에서 통합적으로 운영하지 않아 피드백되지 않거나, 프로그램만 돌리고 아예 관심이 없는 경우도 있었다. 교사들이 생각하는 학교의 비전과 가치가 '자연'이고, 작지만 아름다운 학교 숲이라는 훌륭한 공간을 가진 것에 비해 학교 교육과정은 이를 담아내지 못하고 있다는 것을 건축 워크숍을 통해 깨닫게 되었다. 결국, 공간의 특별함에 비해 교육과정은 지극히 일반적이었다.

원래 소통은 불편한 것이다. 교사 간의 소통도 쉬운 문제는 아니다. 교육과정에서 학교 철학을 말하는 것은 궁극적으로 교사의 교육 철학을 반영하는 것이다. 업무에서 협업하고 민주적으로 의사소통하는 것과 교육 철학을 합의하는 것은 근본적으로 다르다. 교사들은 자신의 교육 철학을 드러내고 서로 생각이 너무나 다르다는 것을 확인하며 불편하게 대화하기보다는 두리뭉실하고 부딪히지 않을 키워드를 찾아 적당히 합의한다. 어떻게 보면 '우리 합의할 수 없으니 당신이 좋다는 것 내가 좋다는 것 다 합시다.' 가 된다. 교육과정 덜어내기를 하자고 하면 오랜 시간 토론해서 겨우 몇 시간을 줄이는 데서 끝난다. 모든 프로그램이 다 좋은 점이 있기 때문이다. 결국, 덜어내지 못하고 모두 남게 된다. 그때 북초의 교육과정을 한마디로 하면 충실한 국가수준교육과정과 지역사회에서 가져올 수 있는 모든 프로그램이라고 말하고 싶다. 우리 학교 것이라고 할 만한게 없었다.

학교공간을 주제로 한 교사 워크숍을 통해서 우리 학교 교육과정이 어떤 모습인지 제대로 보게 되었던 것 같다. [공간, 학교 건축]이라는 주제로 학교 철학과 학교 교육과정에 대한 질문을 던지는 것은 그동안과는 다르게 조금 부드러운 접근과 유연한 대화를 가능하게 했다. 학교 건물을 짓는 일은 아이를 어떤 존재로 보느냐, 미래 교육은 어떤 모습이어야 하느냐 와 같은 질문보다 합의가 쉽다. 아이들에게 더 좋은 환경을 제공하는 데는 이견이 없기 때문이다.

학기 말이면 학교 교육과정 만족도에 대한 설문조사를 한지만 이 설문의 결과만으로는 교육과정을 평가할 수 없었다. 학생 워크숍은 학생이 어떻게 사는지, 놀이와 배움이 어떻게 이루어지는지에 대한 생생한 대화를 엿들을 수 있었고, 학부모 워크숍은 학교와 교육과정에 대한 학부모의 생각을 들을 수 있는 심층 인터뷰가 되어 주었다. 외부촉진자가 분석한 데이터를 보고 학교에서 이루어지는 배움과 삶을 한 걸음 떨어져서 볼 수 있게 된 것이다. 교사들의 대화도 한결 유연해졌다.

교사 워크숍에서 던져진 질문은 이후에도 계속해서 교육과정에 대한 고민과 풀어야 할 과제가 되었다. 교사는 아이들을 제대로 읽고 있는가, 아이들의 삶을 잘 들여다보고 있는가, 학교가 가지고 있는 프로그램이 과연 학교 철학을 제대로 반영하고 있는가, 외부 강사가 끊임없이 들어와서 돌아가는 프로그램에 문제는 없는가, 학교가 진행한 문화예술교육이 학예회 발표회를 위한 것은 아니었는가 고민하게 되었고 질문은 끝없이 이어졌다. 시작은 학교공간이었는데 학교에 대한 총체적인 고민을 하게 된 것이다.

3) 가실 때 가시더라도 _학부모 시점

교사 워크숍을 가지고 학부모가 뭔가 말을 한다는 것이 무척이나 조심스럽다. 북초는 얼핏 보기에 학부모와 선생님들의 사이는 격이 없어 좋아 보이나 서로가 서로에 대한 서로의 영역을 침범하지 않으려는 배려인지, 자기방어의 일환인지 경계심이 발동되는 경우도 많았다. 학부모는 나의 말과 행동이 선생님의 영역을 침범하는 것이 아닌가에 대해 항상 고민했고, 선생님들은 지금까지 북초의 역량에 학부모의 공이 크다고 생각해서인지 학부모에게는 소극적인 면들이 있었다. 이렇듯 아슬아슬한 자기방어의 줄다리기 속에서 학부모와 교사 워크숍이 각자 진행되었고 공유회를 통해 워크숍의 내용이 공개되었다.

많은 선생님들이 우리 학교의 생태에 관해서 이야기했고 중요하다고 했다. 깜짝 놀랐다. 학부모들은 선생님들에게 있어 북초는 자연환경이 좋은 근무지 정도밖에 안 될 거라는 생각을 하고 있었기 때문이다. 담임 선생님들의 수업이야말로 북초의 생태에 대해 아이들과 공감할 수 있고, 사계절의 연결에서 오는 내용은 풍성할 텐데 선생님들의 학교 자연을 이용한 생태교육은 지극히 소극적이었고 북초의 생태교육은 오롯이 외부 강사에게만 맡겨져 왔었다. 하지만 이제라도 선생님들이 북초의 생태에 관해 이야기하고 진지하게 논하는 모습을 보고 안도감이 들었다.

선생님들은 우리 학교의 비전 중에 '연결'에 대한 이해를 어려워했다. 연결이 꼭 먼 과거와 현재를 아우르는 말 같아 현재의 시점에 잠깐 있다가 가는 선생님들 입장에서는 부담이 되는 단어였을지도 모르겠다. 선생님들은 연결이 학부모와 학생들에게만 해당한다고 생각하는 것 같았다. 우리가 말하는 연결은 흐르는 강물과도 같아 강물이 흘러가면서 만나는 바위나 수초도 나름의 의미가 있다. 작은 바위가 흐름의 방향을 바꿀 수도 있고 수초들이 모여 강물의 흐름을 느리게 할 수도 있는 것이다. 흐르는 강물에게는 어느 것 하나 소중하지 않은 것이 없다.

교실의 구조에 대해서 선생님들이 적극적으로 원하는 바를 풀어낼 줄 알았는데 의외로 조심스러워했다. 나만의 교실이 아니기에 후에 쓰실 선생님을 배려해서였다. 이 지점은 우리가 학교건축을 하면서 끊임없이 질문을 던졌던 부분과 상통했다. 우리도 학교건축을 하면서 지금 우리가 원하는 모습이 뒤에 오는 미래의 아이들도 원하는 모습일까? 과연 지금 우리가 원했던 모습들이 미래의 아이들과 학부모,

선생님들을 만족시킬 수 있을까? 꼬리에 꼬리를 무는 이런 생각들은 우리에게도 많은 고민거리를 던져주었다. 하지만 우리는 미래의 흘러가는 방향을 예측할 수 없음을 인정하고 미래의 아이들과 선생님들을 위해 가변성이 있는 공간을 확보하고 교실 안에 최소한의 가구를 배치해 나름의 배려를 하기로 했다.

교사 워크숍 내내 학교공간을 논하면서 공간을 채우는 것은 결국 교육과정임을 인정하고 이러한 교육과정의 재해석을 통해 북초에 필요한 옥석을 가려내어 새로운 교육과정으로 뒤집은 용기에는 큰 박수를 보내고 싶다.

| 에피소드 4 |

"저기에 왕버들 나무가 있다고?"

광주북초학교의 학교 건축 (북초라니. 그 얼마나 촌스러운 이름인지. 좋게 이야기하자면 고풍스럽고 전통이 있는 이름이지만. 얼마 전 집에서 아이들이 '그럼 동초, 서초, 남초도 있어?'라고 물었을 때 지으며 '응. 다 있어'라고 말했다. 한 번씩은 다 가봤으니 틀림없다고 미소를 지으며. '와하하' 박장대소를 하며 웃는 아이들. 다시 생각하니 북초라는 이름은 '첫째를 장남, 둘째를 차남, 셋째를 말녀 혹은 삼녀'라고 이름 지었던 것과 비슷할 것 같다. 학교가 70년쯤 되었으니 그럴 만하지만)을 위해 광주북초의 교육공동체(학생, 학부모, 교직원) 워크숍을 했다. 아이들의 놀이 공간에 관한 이야기들이 나왔다. 등나무, 배롱나무, 대나무숲과 그 속의 길, 왕버들 나무, 지금은 사라진 플라타너스와 동그란 벤치. 그리고 지금 최고의 핫플레이스 학교 앞 CU 편의점. 아이들이 가장 좋아하는 공간이자 주 놀이터가 되는 공간들이었다.

잠깐 왕버들 나무라고?

순간 왕버들 나무가 뭔지 버퍼링이 왔다. '왕버들 나무가 우리 학교에 있었어?' 교실 기준으로 운동장 반대쪽에 있는 커다란 나무. 원형 벤치가 있고, 학예회를 열었을 때 수고에 비해 지나치게 아름답고 평화스러운 배경이 되어 주었던 큰 나무가 바로 왕버들 나무라는 친절한 설명. 아! 그렇구나. 저 큰 나무가 왕버들 나무구나.

나무 이름은 모를 수 있다. 나도 북초에 오기 전 왕버들 나무니, 배롱나무니 하는 것들을 알지 못했으니까. 그뿐이랴? 상사화가 피고, 벚

꽃이 만발하며, 동백이며 아주 키 높은 소나무가 있는, 학교 숲이라 부를만한 작고 아름다운 학교가 광주에 있을 것이라고는 생각도 못 했으니까. 다시 한번 말하지만, 나무 이름은 모를 수 있다. (대학 시절 전설의 과목인 실과가 생각났다. 꽃 이름 외우기. 한 학기 내내 꽃 이름으로 시험을 봤다. 대학 건물 안에 온실 같은 게 있고 그 온실 속의 모든 꽃과 나무에는 친절하게 꽃 이름, 나무 이름이 다 쓰여있었던 것 같다. 한 번밖에 안 가봤으니 가물가물하다. 첫 수업 시간. 조교가 꽃잎을 하나씩, 열 번을 들고 우리는 꽃잎의 이름을 적었다. 나는 딱 하나 스킨다브셔스만을 썼고, 그다음부터는 수업에 들어가지 않았다. 제대후 이 수업을 다른 수업으로 대체해서 들어 신났던 기억. 꽃에게는 미안하지만, 그 망할 놈의 스킨다브셔스라는 이름은 절대로 잊히지 않는다. 하지만 막상 다시 잎을 보여주면 모를 게다. 이건 확실하다.)

하지만 우리를 '헉'하게 만들었던 것은 그다음 한 교사의 고백이었다.
"3~4년간 학교에 있으면서 한 번도 가본 적이 없는 것 같아요"
왕버들 나무에 한 번도 가본 적이 없는 것 같다니. 아니야. 한 번쯤은 가봤을 거다.

우리 모두에게는 자신만의 공간이 있다. 학교도 마찬가지다. 공간이 있다. 개인이 혹은 집단별로 주로 사용하는 공간이 있다. 학생들은 학교의 거의 모든 공간들. 학부모에겐 교실 뒤 텃밭과 아이들을 기다리는 쉼터가 되는 숲 놀이터, 플라타너스 밑 벤치, 작은 모임들이 이루어지는 도서실이나, 다목적실.

교사들의 공간은 어디일까?

음. 나를 예로 들면 다음과 같은 곳이다. 아이들을 가르치는 내 교실, 사랑방 같은 방송실, 힘들었던 첫해 무진장 애용했던 도서실. 아~ 주 가끔 교무실.

교사 워크숍을 하면서 알게 된 사실이지만 나의 공간은 교실에서도 아주 한정적이다. 발자국을 찍어보면 칠판과 칠판 앞 작은 책상, 컴퓨터 책상. 책장. 교실의 5분의 1이나 될까? 학교 전체로 보면 나의 발자국이 새겨진 곳보다, 새겨지지 않은 곳이 더 많을 것 같다.

지금까지 나는 교실 밖에서의 아이들의 놀이에 대해서는 크게 관심이 없었다. 관심을 둔다는 게 아이들에게 오지랖으로 보일까 봐 꺼렸었다. (전문 용어로 꼰대라는 말을 쓴다. ~라떼는 말이야 라며) 혹은 교실 밖의 일들에 관심을 가져봤자 교사가 할 수 있는 일이 크게 없었기 때문이기도 하다.

학교 건축을 하면서, 공간 워크숍을 하면서 내가 알게 된 사실은 '학교의 주인은 누구다'라고 했을 때, 습관적으로 이야기하는 '교육공동체' 혹은 '학생이다'라는 말이 무려 사실일 수 있다는 것이다. 학교 전체를 봤을 때, 학교를 가장 많이 사용하는 집단은 학생이었고, 그 일부분을 교사가 사용하고, 또 일부분은 학부모가 사용했다. 바꿔 이야기하면 교사들은 나름 커다란 공간인 학교에서, 사용하는 영역이 지극히 한정적이었고 작았다. 그리고 학교의 공간을 잘 몰랐다. 궁금하다.

학교의 주인은 누구일까?

참. 그 선생님도 왕버들 나무에는 틀림없이 가 봤을 거다. 기억이 나지 않았을 뿐.

03
학부모, 상상하다

"앞으로 이 공동체가 어떻게 되었으면 좋겠다기보다는 북초가 지금까지 걸어왔던 것 중에 이런 게 참 좋았다. 이것만큼은 놓치지 않았으면 좋겠다. 또 그런 부분도 필요하지 않을까 싶습니다. 처음에는 각자가 느꼈던 북초의 감동적인 것을 이야기해보았는데 나. 너. 우리. 내 아이. 우리 반. 이런 것보다 모두의 아이들. 학년을 넘나드는 모두의 관심과 사랑으로 품을 수 있는 관계.

학부모 총회. 다른 학교와 차별화된 북초만의 문화입니다. 일반적 공교육 학교는 지시적인 내용이라면 우리는 말 그대로 총회다운 회의를 했습니다. 이것이 북초만의 문화이고 가져가야 할 것입니다. 북초하면 가장 큰 특색은 학부모의 참여입니다. 그 참여가 간섭이 아닌 학부모로서 당연히 해야 하는 역할에 충실한 것입니다. 선생님은 선생님의 역할. 학생은 학생의 역할. 학부모는 학부모의 역할. 각자의 역할에 충실하면서 고루고루 소리 낼 수 있는 문화. 그리고 자연환경이 앞으로도 계속 유지되고 지속적으로 갔으면 좋겠다는 내용들..

그걸 한 문장으로 만들어 보니 "차별화된 북초의 문화를 지속할 수 있게 하는 교육공동체"라고 할 수 있겠네요."

<학부모 워크숍 중>

1) 학부모 워크숍 이야기

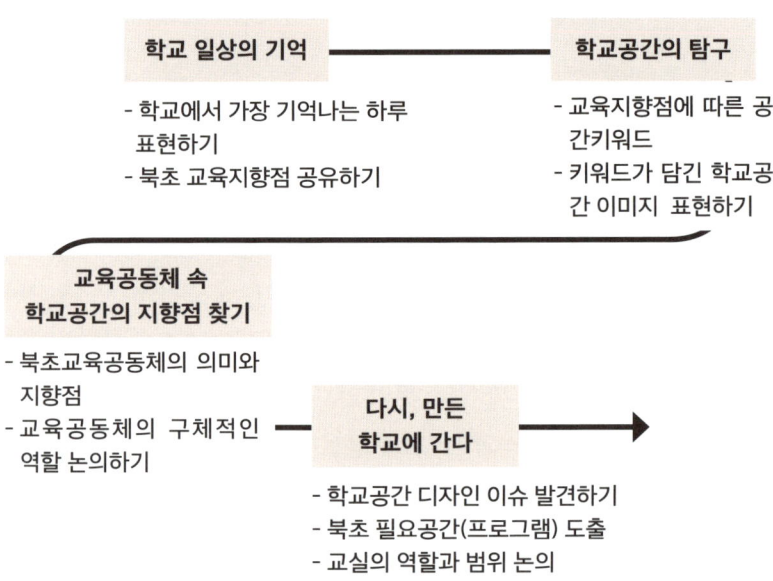

학부모 워크숍은 주로 밤늦은 시간 이뤄졌다. 7시가 넘은 시간이었음에도 많은 학부모들이 워크숍에 꾸준히 참석했다. 퍼실리테이터(촉진자)는 북초가 이야기하는 교육공동체가 무엇이며, 교육공동체가 무엇을 바라는지 지향점까지 짚고 넘어가야 한다고 했다. 학교가 그 안에 사는 사람들의 삶 속에서 살아 움직이려면 안에 사는 다양한 주체들이 어떻게 소통하고 싶은지, 교육공동체가 학교를 지으며 지키고자 하는 것은 무엇인지에 대해서 허심탄회하게 이야기 나눠봐야 한다고 했다.

학부모가 교육공동체의 주체라고 말하지만, 교사들의 교육 영역에는 침범해서는 안 된다는 보이지 않는 경계가 있었다. 오랜 시간 소통한다고는 했지만, 교사와 학부모의 미묘한 벽은 항상 존재했다. 갈등이 일어나지 않을 최소한의 경계에서 서로를 지켜보는 형태였다. 교실을 교사들의 영역이라고 생각했기에 교실보다는 모일 수 있는 까페, 동아리실, 식사 공간 등 학교 외부공간 중심으로 모아졌다.

학교에 대한 기억을 꺼내 보고 지금까지 북초에서 해왔던 것 중에서 이것만은 놓치지 않았으면 좋겠다는 내용을 이야기해보았다. 북초 교육공동체의 지향점은 무엇이며, 그 안에서 학부모는 어떤 역할을 해야 하는 지, 이것이 담긴 광주북초만의 공간은 무엇인지 생각해 볼 수 있었다.

학부모로서 북초에서 가장 기억에 남는 하루를 공유해 보았다. 하교 후 아이들이 운동장에서 놀 때 수돗가를 오가며 물을 퍼 나르며, 물웅덩이를 만들어 노는 모습, 땅거미가 어둑해질 때까지 운동장에서 뛰어노는 모습, 숲속에서 하는 학예회, 6학년이 어린 학생들을 줄줄이 매달고 살갑게 챙기는 모습, 엄마들이 플라타너스나 왕버들 나무 주변에 앉아 아이들을 기다리는 모습 등 다양한 기억들이 꺼내졌다. 북초는 아이의 학교이기도 하지만 부모의 학교이기도 했다.

> **[광주북초하면 생각나는 것들]**
> 어우러짐, 스스로 결정하는 힘, 교과외 활동
> 휴식, 수다, 체육활동. 즐거움, 자연, 소통, 고민나눔, 집중, 지속가능한 교육, 작당모의
> 마실공간, 관심, 같이 돌봄, 이해, 행복, 텃밭, 방향, 건강한 먹거리
> 캠프소통, 화합, 고유함이 존중받는 학교, 가치있는, 배려, 나눔

서로의 이야기 속에서 광주북초는 어떤 학교가 되길 바라는지 적어보았다. 자연과 함께 하는 교육, 아이의 속도와 모습을 존중하며 성장을 기다려주는 교육, 문제해결의 힘을 길러주는 교육, 모두의 아이, 모두의 부모인 교육, 학년 간의 벽이 없는 교육, 이날 나눴던 이야기는 학부모만의 교육지향점이 아니었다. 광주북초가 앞으로 가지고 나가야할 지향점이었고 함께 고민해야 할 문제였다. 교육이 교사의 영역이라고만 생각했던 내 생각은 보기 좋게 깨졌다.

북초에서는 학생도, 학부모도, 교사도 너무도 많은 이야기를 한다고 한다. 그리고 뭐 하나 그냥 넘어가는 법이 없다고도 한다. 각 주체가 학교를 매개로 다양한 이야기와 생각을 꺼낼 수 있는 곳. 그곳이 광주북초이며 앞으로 지켜나가야 할 문화가 아닌가 싶다.

학부모로서 학교 안에서 어떤 역할을 해야 하는지 이야기가 오갔다. 북초에 오면 학부모들이 플라타너스나 왕버들나무에 삼삼오오 모여 있는 것을 볼 수 있는데 아이들이 늦은 시간까지 운동장에서 노는 것을 기다리는 것이 일상이었다. 학부모들은 학교에 오며 가며 내 아

이뿐만 아니라 다른 아이도 챙기며 모두의 아이들을 사랑과 관심으로 품기를 원했다. 초기 학부모들은 학교와 같이 아이를 키워야겠다는 마음으로 교사들의 교육 활동에 지지를 보내면서 학교에 손이 필요하면 가서 돕는 것이 학부모의 역할이라고 생각했다. 그러면서 학교를 좀 더 깊이 들여다보기 시작했다. 교사 혼자 하기에 교육과정은 버거워 보였고 4년마다 바뀌는 교사의 흐름은 생각보다 빨랐다. 북초의 고유 특성이 담긴 짜임새 있는 커리큘럼이 되면 좋겠는데 하는 바람도 있었다. 좀 더 적극적인 의견 개진이 필요함을 느꼈고, 학기 초가 되면 학부모와 교사가 모여 1년을 어떻게 살지 방향을 잡고 수정하기도 했다. 단순히 이거 해라 저거 해라라는 학교의 지시가 아니라 좀 더 적극적으로 나와 내 아이, 모두의 아이들을 위해 학교에서 할 수 있는 역할을 찾고 싶어 했다.

학부모의 역할이 제대로 이뤄질 수 있는 공간에 대한 상상으로 이어졌다. 학부모들은 어디서나 자연스럽게 소통이 일어날 수 있는 공간, 교육공동체가 함께 할 수 있는 공간, 내부와 외부공간과의 관계에 관한 이야기들이 오고 갔다. 아이들이 살고 배우는 교실에 대한 의견도 있었다. 식사 공간, 복도, 운동장, 준비실 등 다양한 공간으로 이동할 수 있도록 구성하고 싶어 했다. 또, 자연을 단순히 조망하기보다는 자연에서 이뤄지는 활동들이 교실 안으로 자연스럽게 끌고 들어올 수 있는 공간을 원했다.

2) 우리도 학교의 주인이라고? _학부모 시점 1

 좋다는 교육 활동은 모두 하는 교육과정에 대한 공동체의 피로가 쌓여가던 중 불행 중 다행인지 학교건축이 학교에는 쉼표가 되었다. 어쩌다 학교건축소위원회에 발을 담그게 된 나는 2017년 학부모회장을 누군가 내 편에 서서 같이 있어 주는 것 만으로도 큰 위로가 되고 든든하다는 걸 뼈저리게 느꼈고 건축 무식자였기에 병풍처럼 존재하리라 생각했다. 학부모는 학교와(교사포함) 학생의 조력자라 생각했지, 학교의 주인이라 생각해 본 적 없었다. 그래서 학교건축에 대해서도 우리 아이들이 이런 학교에 다녔으면 좋겠다는 희망이 있을 뿐이지 학교 건물에 학부모의 자리가 있을 것이라곤 생각하지 못했다. 학교 건물 중 학부모의 자리는 아이들이 운동장에서 노는 걸 지켜볼 수 있는 플라타너스와 왕버들나무 아래 벤치, 도서관 정도가 다일 것이다. 학부모들만의 전용공간이 있다면 편하게 학교를 드나들 수 있다는 것이기도 하다. 과연 이것을 학교는 어떻게 바라보고 생각할까. 입장 바꿔 생각해보면 나도 싫을 거 같다. 감시당하는 거 같을 거니까. 어쨌거나 우리의 욕망이든, 아이들을 위해서든 교육공동체의 일원으로 학부모 워크숍에 참여하게 됐다.

 사실 학부모 워크숍을 최대한 많이 하고 싶었다. 우리도 되든 안 되든 하고 싶은 게 많은 욕망덩어리니까^^ 여러 가지 제약으로 3회 진행되었던 학부모 워크숍에서 퍼실리테이터로부터 들었던 말이 참 기억에 남는다. 광주북초에서 학부모의 자리는 어디쯤인지 말하라고 했더니 우리 아이들이 노는 곳, 우리 아이들이 좋아하는 곳, 우리 아이들이 사는 교실에 대해서만 이야기한다는 것이다. 우리도 학교의 주인일까? 진짜 교육공동체로서 우리의 역할과 위치를 다시 한번 생각하게 된 계기였다.

학부모는 학교에 가장 오래 남는 사람이고 학부모참여가 빈번한 우리 학교를 생각하면 학부모가 주인인 것 같기도 하고 마음 놓고 활동할 수 있는 공간이 하나쯤 있으면 좋을 것 같기도 했다. 학부모 총회를 제외한 각종 학부모 회의나 학부모 교육, 동아리 활동은 매번 가까운 카페의 룸이나 시민단체의 소회의실 등을 빌려 이루어졌다. 당연하게 생각했다. 우리 학교는 공간이 부족했으니까. 2018년도에는 학부모동아리로 사물놀이를 했는데 아이들이 수업하고 있는 시간엔 시끄러우니 학교에서 연습할 수 없고 방과 후에는 빈 교실이 없어서 운동장 한쪽에 돗자리를 깔고 연습한 적도 있다. 방과 후 수업 중인 아이들이 사물놀이 소리가 시끄럽다고 해서 조용조용 북을 치고 장구를 쳤다. 사물놀이를 조용조용이라니…. 지금 돌이켜보니 엄청 서럽다.

우리 학교는 집과 학교가 거리가 멀어 버스와 차량으로 등하교하는 학생이 대부분이다. 그런데 집에 가지 않고 학교에서 더 놀고 싶어 하는 아이들을 기다리는 게 일상인 학부모들은 나무 아래 벤치나 도서관에서 기다리곤 한다. 우리 학교 아이들은 핸드폰을 가진 아이도 많지 않고, 있다 해도 노느라 전화를 받지 않는 아이가 대부분이며, 엄마가 와도 가지 않겠다고 떼쓰기 일쑤다. 숨어서 놀 공간이 많은 학교를 뒤지고 다니느니 놀다 지쳐 엄마를 찾으러 나오길 기다리는 게 현명한 것임을 터득했다. 날씨가 좋은 날엔 나무 아래 벤치에서 기다리면 되지만 더운 여름이나 추운 겨울엔 정말 난감하다. 그래서 학부모들은 아침에 등교시키고 잠깐 수다도 떨고 오후에 편히 아이들을 기다릴 수 있는 공간이 있으면 좋겠다고 생각했다. 학부모 교육이나 동아리 활동도 많은 편이라 다른 사람들 눈치 안 보고 우리끼리 차도 담그고 바느질도 하고 책도 읽을 수 있는 학부모 활동 공간의 필요성이 느껴졌다.

그래서 만들게 된 카페테리아와 도서관 커뮤니티 공간. 학교의 가장 안쪽에 있는 식당 옆 카페테리아는 아이들이 수업하고 있는 교실을 쭉 지나 아이들 점심 식사를 준비하는 식당을 지나서 들어가야 한다. 원래는 정문과 가까운 곳에 있길 원했는데, 수업 시간에도 아이들과 교사의 눈에 띄지 않고 들어와서 수다도 떨고 커피도 마시고 방과 후에는 아이들을 데리고 학교를 빨리 나오길 바라서였다.

도서관 커뮤니티 공간은 정문과 가깝고 아이들 교실을 지나지 않고도 들어갈 수 있는 출입구가 따로 마련되어 있다. 학교에 공간이 부족했을 때는 도서관도 수업하는 공간으로 자주 쓰였기 때문에 학부모 교육이나 회의 공간으로 쓰기에는 시간적 제약이 많았다. 하지만 학교건축으로 수업공간이 확보된 이후에는 도서관도 학부모 커뮤니티 공간으로 활용도가 높을 것 같다. 독서 활동, 학부모 교육, 학부모회의 등 학부모들의 커뮤니티 공간 역할과 함께 아이들 하교를 기다리는 공간으로 이용될 것이다.

이제는 학부모동아리 활동을 하면서 시끄럽다는 설움 따위는 받을 일 없게 되기를 바라본다.

3) 이건 감동이고 힐링이야 _학부모시점 2

내가 아이를 북초에 보내는 이유
"왜 아이를 광주 북초에 보내셨어요?"

학부모 워크숍의 첫날,
기대 반 설렘 반으로 도서관에 앉아 있는 우리에게 큰 울림으로 다가온 질문. 너무나도 근본적이고 원론적이기에 우리의 동공을 사정없이 흔들리게 했던 질문.

북초 학부모라면 다른 학교 학부모들에게 어김없이 듣는 질문 중의 하나여서 익숙할 법도 한데 학교건축과 맞물려 있는 상황에서 이 질문은 형식적이고 기계적인 대답보다는 우리에게 좀 더 본질적이고 원초적인 적나라한 답을 요구하는 것 같았다. '뭐라고 말을 해야 하나?' 하나씩 하나씩 자신들의 이야기를 꺼내놓기 시작했다. 처음 말을 꺼내기가 어렵지 머잖아 후끈 달아오르면서 열띤 공감의 장이 됐다.

"다른 학교는 숲에 갈려면 학교 밖을 나가야 하잖아요, 하지만 북초는 학교 안에 숲이 있어서 좋아요"
"북초는 한 학년에 한 학급으로 이루어져 있어 많은 친구를 사귀지 못해도 깊이 있게 친구를 사귀는 것이 좋은 것 같아요"
"작은 학교라 전교생이 다 알고 지내는 것이 좋아 보였어요"
"엄마들끼리 서로 소통하고 친밀하게 지내는 것이 좋아 보였어요"
내 아이를 아무 생각 없이 그냥 보내는 학부모는 아무도 없었다. 각자의 사연과 이유를 가지고 이 학교에 아이들을 보내고 자신들 또한

다니고 있었던 것이다. 참석한 학부모들의 이야기가 다양하게 표현되었지만 결국은 우리가 학교건축에 앞서 합의하면서 도출했던 생태, 인권, 연결이었다.

북초 학부모들은 누구보다도 북초의 자연을 사랑하였고, 누구보다도 자신들의 아이가 학교에서 행복하게 생활하기를 바랐으며, 여기에서 자신과 내 아이들이 또 다른 아이들과 학부모들과 연결되기를 간절히 원했다.

워크숍 내내 학부모들은 초심으로 돌아가 북초가 우리에게 가지는 의미를 떠올렸고, 내가 아이를 북초에 보냈던 이유를 되새김질하면서 많은 욕심과 남들과 다를 바 없는 욕망을 덜어냈다. 북초스럽고 북초다운 것들을 추구하면서....

| 에피소드 5 |

내가 이 학교에 아이를 보내는 이유는...

어느 화창한 봄날, 한 학부모님이 밴드에 올려 주신 글이다.

『봄이 성큼 다가와 꽃들이 흐드러지게 피더니... 이제 드디어 놀땅 전래놀이 꽃도 북초등학교 교정에 피었네요. 감사하고 감사한 일입니다^^

평안한 저녁 시간에 감동을 나누고 싶어 이렇게 글을 올립니다~ 다름이 아니라 북초교의 한 학부모님의 글이 너무 감동적이고 공감 가는, 그리고 처음 북초교 학부모가 되던 날의 초심을 돌아보게 하여 이 자리에 공유하고 싶어서입니다.

  **교육은 학교에서만 하는 게 아니여서
  마을에 사는 언니, 오빠, 아줌마, 아저씨가
  같이 보여주는 것이여서
  내가 아침에
  내 아이와 그 친구들에게
  눈 맞추어주고, 웃어주면
  교육공동체의 한 구성원으로서
  나도 쪼끔 느낄 수 있지 않을까?
  내가 이 학교에 아이를 보내는 이유는
  학교, 선생님뿐 아니라
  마을이, 아줌마, 아저씨가
  모두 선생이고 엄마고 친구라는 것을
  아이가 느끼고 클 수 있게 하기 위해서다.
  학교가 마을과 떨어져 있다 보니
  그게 쉽지 않고
  그래서 나는
  애들 머리 한 번 쓸어줄 수 있는 등굣길 교통지도
  괜찮은 것 같다
  낼 한번 나가볼까 한다.

> 이 글을 읽으면서 아이들과 밤 꽃길을 걸어도 좋겠다고 생각해보았습니다...』
>
> 우리들의 마음은 똑같은가 봅니다.

4) 사공이 여럿이면 번갈아 가며 노를 저어라

옛말에 사공이 여럿이면 배가 산으로 간다는 말이 있다. 학부모 워크숍을 진행하면서 가장 염려스러웠던 부분이기도 했다. 많은 학부모들의 의견이 팽팽해서 서로 충돌하면 어쩌지? 시간은 촉박한데, 합의점을 찾아낼 수 있을까? 워크숍 내내 나를 사로잡는 공포스러운 상상들이었다. 하지만 이건 기우에 불과했다. 학부모들은 즐거워하면서 하고싶은 말을 다 했다. 처음에는 자신들이 가지고 있는 욕망을 거침없이 이야기했다. 모두들 솔직했다.

제일 먼저 교실의 위치 문제였다. 교실이 본관에 남느냐, 신관으로 넘어가느냐의 문제였다. 지금의 본관 건물을 너무 애정하는 학부모들은 아이들이 본관 건물을 리모델링해서 남아 있는 것을 원했고, 어떤 학부모들은 그래도 아이들이 새 건물에 가서 생활하는 게 낫지 않냐고 했다. 두 의견 모두 타당한 이유을 가지고 있었고 다 옳은 말이었다. 하지만 선택을 해야 하고 결정을 내야 하는 상황, 그때 워크샵을 진행했던 홍경숙선생님이 아이들의 워크숍 내용을 말씀해 주셨다. 아이들이 원하는 것. 그게 가장 중요한 방향키였던 것이다. 모든 학부모들은 아이들의 의사가 반영된 교실 배치에 동의했고 그래서 교실은 신관 2층에 자리 잡게 되었다.

학부모들이 워크숍 내내 관심을 두었던 부분은 도서관, 커뮤니티 공간, 식당이었다.

먼저 도서관은 증개축이 결정된 순간부터 북초 독서회가 여러 지역의 도서관을 다니면서 자료를 모았다. 순천 기적의 도서관, 정읍 기적의 도서관, 이야기꽃 도서관, 지평선 중학교 도서관, 삼우초 도서관 등 근처 좋다는 곳은 거의 다 돌아다니면서 견문도 넓히고 정보도 긁어모았다. 이렇게 해서 독서회의 주도로 도서관에 대한 세부 사항들이 이야기가 되었고 학부모들은 그들의 의견을 반영하는 것을 환영했다.

북초의 학부모들은 아이들을 자가용으로 등교시키는 경우가 많다. 집이 멀어서, 교통편이 여의치 않아서 등 나름대로 이유가 있고 이런 등하굣길에서 학부모들은 자주 만나서 서로의 이야기를 나눈다. 학교 안의 확 트인 공간에 들어가는 것은 꺼려지고 비가 오거나 날씨가 추울 때 아이들을 기다리면서 학부모들이 모여서 잠시 이야기를 나눴으면 하는 장소의 필요성을 이야기하게 되었고 이는 커뮤니티 공간이라는 새로운 장소를 만들게 되었다. 이 공간에 대해서는 기존의 학교에 커뮤니티 공간을 만들었던 분들에게 정보를 얻었고 이를 바탕으로 의견들을 취합해 나갔다.

현재 북초에는 급식실이 없다. 가까운 지산초등학교에서 밥차가 와서 현관 복도에서 아이들에게 식사를 나눠주면 아이들은 식판을 들고 자기 교실로 가거나 삼삼오오 짝을 지어 밖으로 나가 점심을 먹는

다. 이를 보고 비위생적이다고, 아이들이 불쌍하다고 하는 학부모도 있었고 아이들이 자유롭게 점심을 먹는 모습을 좋아하는 학부모도 있었다. 하지만 그 누구도 급식실에 대해서 구체적으로 알거나 경험해 본 학부모는 없었다. 특히나 아이들 모두를 북초에 보낸 학부모들은 급식실 근처도 가본 경험이 없을 것이다. 여기에서 학부모들은 학교에서 근무하거나 경험이 있는 사람들의 말을 경청해 들었고 특히, 우리 아이들이 밥 먹을 때 가장 좋아하는 것이 무엇인가에 중점을 두고 이야기를 해나갔다. "우리 아이들은 비가 오나, 눈이 오나 밖에 나가서 친구들과 이야기하면 밥을 먹는 걸 좋아해요." "그래요? 그럼 우리 급식실 한 벽을 폴딩 도어로 하고 앞에는 데크를 깔아서 아이들이 언제든지 밖에 나가서 밥을 먹을 수 있게 합시다." "다른 학교에 있는 급식실 의자와 책상은 아이들을 통제하기 쉽고 청소하기 쉽게 만들어 군대같은 느낌이 들어요." "그래요? 그럼 식당의 테이블은 원형이나 타원형으로 아이들이 서로 마주 보고 친근하게 밥을 먹을 수 있게 합시다. 그리고 식탁이나 의자도 고정형이 아닌 이동이 편한 거로 해서 그 공간을 다양한 용도로 사용할 수 있게 합시다."

그래, 이거야. 사공이 여럿이면 배가 산으로 가지만, 기다렸다 번갈아 가면서 노를 저으면 빨리 목적지에 갈 수 있는 거였어!

5) 이건 감동이고 힐링이야

학부모들이 신났다. 자기가 다니고 싶은 학교를 그려보란다. 내 아이에게 지어주고 싶은 학교를 만들기 위해 모였는데 이야기가 어느

덧 내가 가고 싶은 학교로 변해 있었다. 처음부터 조짐은 있었다. 내 아이에게 어떤 학교를 지어주고 싶냐는 질문에 학부모들은 "이런 학교를 만들고 싶어요" 하면서 "제가 학교 다닐 때 이런 것이 아쉬웠거든요" 하면서 말을 맺는 경우가 자주 있었다. 어렸을 때 책 읽기를 좋아했던 한 학부모는 도서관 분위기가 너무 딱딱하고 강압적이어서 자주 가지 못했다고 했다. 그래서 북초의 도서관만큼은 아이들이 편안하게 들락거리면서 책을 읽을 수 있는 장소로 만들었으면 하는 바람을 이야기했다. 또 어느 학부모는 어릴 적 학교 다닐 때 친구와 비밀 이야기를 하고 아기자기하게 놀 수 있는 공간이 없었다며 그런 공간이 있었으면 좋겠다는 이야기도 했다. 그렇다. 대부분의 학부모가 아이들에게 해주고 싶은 공간들은 어릴 적 자신들이 바라고 꿈꾸었던 공간들이었다. 잊고 지냈던 어릴 적 공간의 부족함을 이제야 알아차리다니.

어린 시절 알 수 없었던 부족함의 일부분이 공간의 불만에서 오는 것이었다니…….

깨달음은 충격의 연속이었다. 그래서인지 아이들에게 만들어 주고 싶은 공간들을 그려보라고 했을 때 학부모들은 원 없이 그렸다. 어린 시절 내가 그리도 원했던 것, 아쉬움을 남겼던 것들에 대해서. 내가 지금 그리는 것들이 실현 불가능하다는 것도 알지만 멈출 수가 없었다. 내 것인지 아이 것인지 경계도 모호해지고 내가 다니는지 아이가 다니는지도 모르겠고 (이때 퍼실리테이터(촉진자)의 경계 세움이 중요한 몫을 해주었다.) 그리는 것도 모자라 학부모들은 자신들의 어린 시절과 경험을 때로는 맛깔나게, 때로는 진솔하게 이야기했다. 아이들에게 좋은 학교를 지어주기 위한 학부모 워크숍이었지만 학부모들은 워크숍 내내 어릴 적 과거의 자신과 만났고, 그 안에서 지금까지 앙금으로 남아 있는 학교에 대한 우리의 알 수 없는 불만과 불편함이 치유되는 신기한 경험도 하게 되었다. 워크숍 마지막 날, 교실을 나오는 학부모들의 맑은 얼굴은 공동체 참여 설계를 고집한 북초에게 주는 고마운 선물이었다.

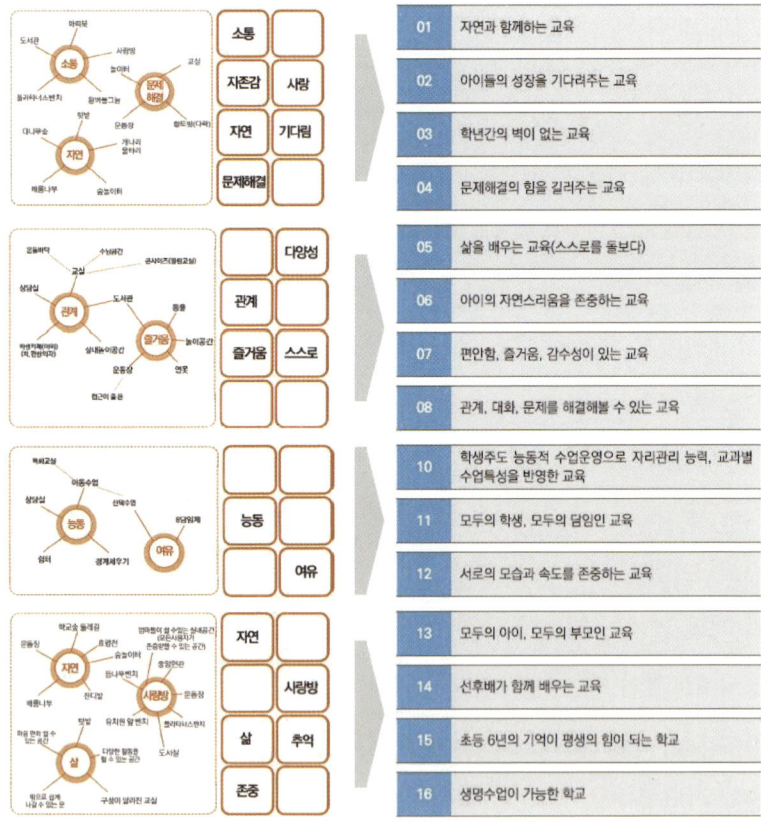

6) 모두의 학생, 모두의 담임, 모두의 아이, 모두의 부모 _교사 시점

저마다의 일과를 마치고 집으로 돌아온 아이들 저녁까지 챙겨 먹이고 한숨 돌릴 수 있는 시간 7시. 학부모들은 삼삼오오 차를 함께 타고 컴컴해진 학교 주차장으로 모였다. 집에서 돌봐줄 사람이 없거나 부모가 함께 참여하는 집에서는 아이들을 데리고 와서 함께 저녁도 먹이고 놀기도 했다. 학부모 워크숍은 늘 도서관에서 했는데 아이들 돌봄을 위해서 옆 교실을 아이들 놀이방으로 열어두었다. 어느 날은 누구네 엄마가 음식을 많이 해오셔서 함께 먹이기도 하고 만들기나 놀잇감을 가져와 나누어 주기도 하고 또 어느 날은 누구네 아빠가 아이들과 놀아 주고 돌보고 뒷정리까지 하고 가셨다. 학부모 워크숍을 제일 많이 했는데 함께 참여하고 함께 돌보며 지치지도 않고 참, 오래도 했다.

학부모 워크숍은 신선한 충격이었다. 일단 대화하는 방식이 달랐다. 솔직하고 명쾌했고 그래서 원하는 욕구가 정확하게 전달되고 이해가 잘 됐다. 이렇게 말하는 것이 맞다 든지 이런 것이 교육적일 것이다는 것에 얽매이지 않고 살아온 경험을 중심으로 이야기했다. 학부모들은 학교를 정말 잘 알고 있었다. 숲의 나무들, 뒤뜰의 나무들, 아이들이 숨거나 노는 곳을 구석구석 알고 있었다. 추억도 많고 그만큼 애착도 깊었다. 왕버들나무 아래서 아이들이 뛰어노는 것을 지켜본 일. 비 오고 난 뒤 옷을 다 망쳐가며 운동장에서 물길을 만들며 환한 미소를 짓는 아이의 얼굴. 그런 대화를 하는 학부모를 지켜보는 일이 즐거웠다. 모든 학부모 워크숍에 빠지지 않고 참여했는데 학부모 워크숍을 지켜보면서 나도 학부모에게 더 솔직하고 편안하게 묻고 대화할 수 있게 된 것 같다. 내 맘대로 생각하고 해석해서 학부모는 이런 입장일 거야 생각하지 않고 바로 물어보는 것이 정확한 대화에 도움이 된다고 생각하게 되었다.

3월 학부모 총회가 열리면 학교는 학부모에게 학교 교육과정에 대해 열심히 설명한다. 그럼에도 불구하고 학교에서 하고자 하는 활동을 정확히 알지 못하고 이해하지 못할까 봐 조바심이 나고 의구심이 들 때가 많았다. 학부모 워크숍에서 나온 교육지향점은 자연과 함께 하는 교육, 아이들의 성장을 기다려주는 교육, 학년 간의 벽이 없는 교육, 스스로를 돌보는 삶을 배우는 교육, 서로의 모습과 속도를 존중하는 교육 들이었다. 아! 같았구나. 학부모의 생각은 교사들과 같았다. 그것을 확인하게 되자 교육 활동에 자신감이 생겼고 학부모의 지지를 받고 있다는 믿음이 들었다. 대화를 더 많이 해야겠다는 생각이 들었다. 교사들에게 학급에서 학부모와 대화하는 간담회를 자주 열자는 제안을 했다. 대화를 많이 할수록 서로 이해하게 되고 신뢰가 깊어진다는 믿음이 생겼기 때문이다.

학부모학교 참여의 범위와 경계가 어디까지인가? 라는 질문을 받은 적이 있다. 결론부터 말하면 경계는 필요 없다. 학부모 워크숍을 계획할 단계에는 학부모가 교실까지 설계에 참여하는 것이 교사의 영역을 침범하는 것이 아닌지 학부모의 역할을 제한해 줘야 하는 것이 아닐까 고민했고 학교의 역할에 대해 논의하다 보면 학교에 대해 책임을 돌리고 공격하지는 않을까 하는 걱정을 했다. 이제는 해봐서 안다. 학부모와 동등한 공동체의 일원으로 민주적인 의사소통을 하게 되면 함께 참여하고 함께 책임지는 태도가 생긴다. 학부모 워크숍에서 나온 키워드처럼 모두의 학생, 모두의 담임, 모두의 아이 모두의 부모가 되는 것이다.

| 에피소드 6 |

한 발 물러 학교 바라보기

광주북초로부터 학생 워크숍, 교사 워크숍, 학부모 워크숍을 있는 형태 그대로 기록하고 퍼실리테이터 협의체에게 전달하는 역할을 부탁받았다. 워크숍에 참여하지 않고 옆에서 가만히 지켜보고 기록하는 일은 생각보다 어려운 일이었다. 하지만 이때만큼 학교라는 곳의 역할과 의미, 그리고 교사로서의 삶에 대해 치열하게 고민했던 적도 없었던 것 같다. 아름다운 작은 학교, 공동체는 아름다운 줄 알았다. 그 안을 자세히 들여다보는 일이 없었기에 제3자로서 옆에서 지켜보는 것은 많은 생각이 들게 했다.

워크숍이 시작되기 전까지 학교 건축 소위원들과 참 많은 곳을 돌아다녔다. 그중에서도 진안 장승초등학교는 밖으로 바로 출입이 가능한 출입구와 전실, 따뜻한 온돌마루와 교실 내 2층에 다락방이 있어 학생들이 별도의 시간을 보낼 수 있게 되어있었다. 우리가 학교에 갔던 날 아이들은 삼삼오오 데크에 모여 도란도란 이야기도 하고 있었고 운동장을 교실 삼아 학교에 있는 식물을 관찰하기도 했다. 학교공간 곳곳이 학생들의 삶, 혹은 학교가 지향하고 있는 바가 잘 묻어나고 있었다.

광주청소년삶디자인센터(이하 삶디)도 자문을 구하기 위해 많이 다녀왔던 곳 중 하나였다. 삶디는 문화작업과 노작 활동을 통해 자기를 발견하고 성장하면서 자신의 삶을 디자인해나가는 곳으로 다양한 사람들과 함께 새로운 방식의 배움과 관계를 만들어 가는 공간이다. 삶디는 우리에게 많은 질문을 던졌는데 그중 유의미한 질문은 다음과 같다. "학생이 배우고 익힌 것을 표현하고 공유하고 공감하며 소통하는 일련의 과정이 일상에서 자유롭게 일어나는 환경은 어떻게 해야 만들 수 있을까?" "학교는 어떠한 배움과 교육을 원하는가? 그리고 이러한 것들이 잘 작동하기 위해서 어떤 문화를 만들고자 하는가?" 등이었다. 이 질문들은 단순히 물리적 공간의 변화만을 생각했던 우리에게 많은 생각을 하게 했다.

공간에 담고자 하는 철학에 관한 이야기가 나오며 교육공동체의 철학은 무엇인지 학교 안에 무엇을 담고 싶은지에 대한 고민과 마주했다. 자연스럽게 북초에서 정말로 남기고 유지해야 하는 교육과정이 무엇인지에 대한 고민으로 이어졌다. 많은 혁신학교가 그러하듯 광주북초 역시 많은 외부 프로그램이 교육과정 내에 들어온 상태였다. 거기에 교사 개인이 추구하는 각자 생각하는 교육까지 더해져 교육과정은 이미 포화상태였다. 정말 그런 프로그램이 필요한가에 대한 고민과 논의가 활발해졌지만, 그동안 해왔던 기본 틀을 바꾸기는 쉽지 않았다. 지금까지의 학교의 교육에 대해 교육공동체는 어떻게 생각하고 있는지 기존의 객관식 설문 형식에서 벗어나 다양하게 의견을 낼 수 있도록 설문의 형태를 바꾸었다. 하지만 지금까지 해 왔던 교육과정을 바꾸는 것은 생각보다 쉽지 않아 보였다.

다양한 구성원만큼이나 개성이 강한 아이들도 많았다. 한 학년당 한 학급인 작은 학교지만 학급당 학생 수는 20명이 넘어섰다. 기존 학교에 적응하지 못하거나 힘들어서 오는 아이들도 늘어나고 있었다. 어려운 아이든, 잘하는 아이든, 문제가 있든 없든 아이들의 성장을 위한 교사들의 고민 또한 깊었다.

사실 북초는 다른 곳보다 교사 업무의 강도가 높은 곳이다. 의무는 아니지만, 항상 늦은 시간에 이뤄지는 총회, 잦은 회의, 한 학년을 온전히 책임진다는 것, 높은 학부모의 관심, 개성이 강한 아이들, 한 사람이 맡게 되는 업무량 등 어느 하나 만만치 않았다. 큰 학교의 경우 교사의 개성이 숨겨지기도 하지만 작은 학교에서는 서로가 너무 잘 드러나는 것도 문제였다. 동시에 북초에서 학부모로 산다는 것도 만만치 않았다. 늦은 시간 참여해야 하는 학부모 총회, 크고 작은 회의. 학교 행사라면 두말하지 않고 달려가는 마음. 작은 학교라 아이 하나하나 보살펴 줄 거라는 믿음과 그렇지 못했을 때 현실과 괴리, 한 학급으로 계속 올라가다 보니 아이가 또래 아이들과 문제라도 생겨 곪으면 삭히는 건 온전히 부모의 몫이었다. 전학을 보내야 하나 말아야 하나 내가 왜 이 학교에 아이를 보내는지 하루에도 수없이 되묻곤 했으며, 6학년에서 중학교로 올라갈 때쯤이면 공교육이지만 자율도가 높은 학교에서 살던 아이가 과연 적응할 수 있을 것인지 진학 문제까지 고민하며 몇 번씩 마음의 롤러코스터를 타게 된다. 또, 작은 공동체의 특성상 교사든, 학생이든, 학부모든 새로 온 사람이 그 안으로 들어가서 적응하기까지 꽤 오랜 시간이 걸렸다.

퍼실리테이터(촉진자)는 이런 북초에서 어느 날은 각 주체가 어떤 역할을 해야 하는지 다양한 생각을 꺼낼 수 있도록 판을 만들어 주기도 했다가 어느 시점에서는 벌어진 의견을 좁혀 공간으로 묶어주기도 했다. 그 과정에서 우리는 이것이 학교 건축에 관한 이야기인지, 교육에 관한 이야기인지 헷갈릴 때도 있었다.

교육지원청과의 협의 중 "학교에서 하고자 하는 것이 있었을 때 할 수 없는 이유를 대며 할 수 없게 하는 것이 아니라 현실이 될 수 있는 방법을 최선을 다해 찾아주면 좋겠다. 그것이 진정한 지원의 의미이다."라는 말이 오고 갔다. 그때는 이것이 당연하다고 생각했는데 지금 생각해 보면 생각의 패러다임을 전환해야 하는 문제였다. 교사인 내가 아이들을 대할 때도 가르침의 대상이 아닌 실수 하고 실패하더라도 끊임없이 해 볼 수 있게 해 줄 수 있어야 한다는 것, 때로는 방향을 제시하고 함께 성장할 수 있어야 한다는 것이었고, 학교에서도 역시 교사나 학부모가 무언가를 하고자 했을 때 역시 지지하고 응원하며 함께 방법을 찾을 수 있어야 하는 문제였다.

많은 학교가 교육공동체가 함께 만들어 간다고는 하지만 여전히 학부모의 학교 참여는 갖은 행사에 동원정도이고 의견 개진은 민원으로 보는 것이 사실이다. 교사 역시 소통을 한다고 하지만 여전히 상하 관계는 존재하며 때로 민주적 의사소통은 형식적일 뿐이다. 학생들도 학생자치가 활성화되었다고는 하지만 학생회 중심의 행사를 해 보는 데 그치는 정도이다. 공동체 참여 설계를 위한 워크숍 과정을 되짚어 보니 학교를 삶터로 보고 우리가 생각하는 교육에 관한 생각을 꺼내 합의하고, 그것을 잘 담아낼 수 있는 환경을 만드는 과정이었다. 더불어 이런 이야기가 오고 가기 시작했다는 것 자체가 조금씩 변하는 것이라고 생각하니 머지않아 각 주체가 함께 서로의 교육에 대해 지향하는 바를 함께 같은 눈높이에서 주고받는 학교들이 점점 많아질 것이라 기대한다.

04
공동체 참여 설계를 통해 고민한 교육

01 학교에도 안식년이 필요하다
02 생태교육과정을 논하다
03 바람

01
학교에도 안식년이 필요하다

이전의 광주북초 교육과정은 지난 분교 시절부터 누적되어온 교육의 총 집합체였다.

〈2015~16년 교육과정 재구성을 통한 시민 의식 함양 시범학교〉
〈2016~17년 지역문화유산을 중심으로 문화예술교육을 통한 공동체 의식 함양 시범학교〉

연구학교의 보고서를 보면 지금은 졸업한 아이들이 바이올린, 가야금, 아쟁(세상에 아쟁이라니!) 단소를 들고 연주하는 모습이 표지를 장식하고 있고, 작은 사진에는 사물놀이와 지역문화제인 용전들 노래의 공연 모습이 담겨 있다. 광주북초교육과정의 촘촘함에는 이유가 있었다. 작은 학교로 살아남기 위한 몸부림이었을지 모르지만, 이러한 연구학교, 시범학교 등을 걸치면서 쌓고, 쌓아왔던 교육과정이 더해지고, 더해져서 숨 막히는 교육과정이 만들어졌다.

2017년과 2018년도에는 학급에서 쓸 수 있는 창의적 체험활동 시간이 거의 없었다. 다양한 체험을 좋아하는 나에게도 힘겨운 교육과정이었다. 학생들에게 다양한 교육의 실현일지, 잡다한 교육의 총체인지 모를 교육과정이었다. 끝없는 달리기.

광주북초의 중심은 학교 숲이다. 큰 소나무가 등굣길을 지켜주고, 그 소나무 옆에는 살구나무와 왕버들 나무, 플라타너스가 아이들을 반겨준다. 넓은 운동장을 가로질러 한때 유행이었던 제주도 더럭분교를 오마주한 알록달록 외관의 교실이 있다. 그 한쪽에는 학교를 지켜온 시간만큼의 세월을 더한 과학실, 유치원 건물이 있었고, 임시 거주처였을 컨테이너 동이 너무도 자연스럽게 자리 잡고 있다. 하나하나는 못생겼지만 모여서 군락을 이루며 아름다움을 뽐내는 정말 메타세쿼이아 이상의 위용을 자랑하는 커다란 소나무가 배경이 되어 주고 있다. 또 꽤 넓다 싶은 텃밭이 있고, 잔디광장이 있었으며, 대나무밭이 있다. 대나무밭에는 어른들은 잘 알지 못하는 작은 오솔길이 있고, 거기에 아이들의 비밀기지가 있다. 학교의 한쪽 경계선은 작은 시냇물이다. 여름이 되면 아이들이 발을 담그고 노는 학교 주변은 온통 논과 밭이다.

이것이었다. 아이들이 광주북초에 있는 이유가. 집 앞 50m, 100m 거리의 학교를 두고, 학부모가 번거롭지만, 아이들을 데리고 등하교를 시키는 이유가 바로 이것이었다.

학교 숲. 학교의 자연. 생태.

2018년 후반기부터 학교 건축에 대한 논의가 시작되고, 교직원 워크숍도 함께 진행되었다. 학교 건축을 위해 북초를 대표하는 가치로 생태. 인권. 연결이 나왔고 이는 이후 북초를 대표하는 단어들이 되었다. 교육과정에 대해 합의를 해 보자고 그저 자신들의 생각을 쏟아 내었던 것만을 기억한다. 하지만 생태와 인권과 연결이 학교 건축에만 적용되는 가치가 아니라는 것에는 합의가 되었다. 학생과 교사와 학부모가 함께 이루어 나가려고 했던 그 많은 것들이 이 세 단어에 담겼고, 이를 교육과정의 중심에 두는 것이 자연스럽게 결정되었다.

• 안식년을 갖자!

그동안 광주북초 학부모들은 학급별 아침 책 읽어 주기, 놀땅으로 아이들과 함께하는 전통 놀이, 학부모 독서회 활동, 1박 2일 가족 캠프 등으로 활발한 학부모학교 참여를 해왔다. 하지만 학부모회에 새내기 학부모의 활동이 없고, 정해진 학부모들만이 활동하며 누적되어온 피로감이 있었다. 학교에서는 촘촘한 교육과정으로 대표되는 다양한 교육과정으로 인한 피로감과 중심을 잡지 못한 채 날로 확장되어가는 교육 활동으로 버거움이 있었다. 학생들에게는 이질적인 여러 교육 활동이 투입되어 정작 어느 것 하나에도 몰입하지 못하는 어려움이 있었다. 이런 문제를 해결해 보자고 2020년 1년은 광주북초의 교육공동체에게 안식년이 필요하다는 논의가 있었다. 하지만 이러한 시도는 그동안 해왔던 것들을 하지 않음으로써 갖게 되는 부담감이 있다.

광주북초의 문화예술교육은 학부모들에게 굉장히 매력적인 활동이었다. 처음 도전 활동이 만들어질 때도 지난 한 토론이 있었고 비폭력대화 수업이나 춤명상 활동을 하는 자존감 향상 교육도 아이들의 정서를 지원한다는 필요 때문에 만들어졌다. 교담이 적은 작은 학교의 특성상, 강사의 수업이 없으면 주당 24시간 이상의 교육을 하게 된다. 다양한 교육을 하는 게 광주북초교육의 핵심이다. 등 모든 교육 활동에는 그만의 이유가 붙었다. 그래도 조금씩 조금씩 줄여나갔다. 학교의 주된 가치를 생태, 인권, 연결로 모으고 이를 교육과정에 반영하며 텃밭만이 전부였던 생태가 꼬마농부프로젝트, 장담그기, 영산강 수학여행으로 확장되고, 제1의 가치로 인정되었으며, 문화예술교육과 자존감 향상 교육은 축소, 삭제되거나 필요한 학년에 맞게 조정되었다.

  2020년 7월 현재. 자연스럽게 안식년이 되었다. 특색교육은 모조리 연기되었으며 꼬마농부프로젝트 중 모내기만 진행되었다. 이렇게 1학기가 가고, 1년이 간다면 자연스럽게 안식년이 되리라 생각이 된다. 2020년은 어떻게 평가될까? 온라인 학습의 아쉬움과는 별개로, 다양한 교육 활동을 하지 못해, 못내 아쉬운 1년이 될까? 아니면 모든 다양한 교육 활동이 꼭 필요한 건 아니었다고 생각하게 해 줄까?

  이런 교육, 저런 교육 하나하나는 좋다. 하지만 좋다는 교육을 모두 모아놓고 다 하려고 하면, 그건 나쁜 교육이다는 것이 나의 생각이다.

02
생태교육과정을 논하다

　광주북초는 아름다운 작은 학교다. 아름답고 작은 학교에서 아름다움의 담당은 단연 학교 숲이다. 학교 숲과 효령천으로 둘러싸인 작은 학교. 광주북초.

　작은 학교 살리기를 위해서 처음 모인 사람들의 이유도 학교 숲일 것이다. 이렇게 아름다운 광주북초를 가장 효과적으로 누리는 방법은 두말하지 않고 아이들이 즐겁게 뛰어노는 것이다.

　넓은 운동장에서 뻥뻥 공을 차면서 놀고, 대숲의 작은 오솔길에 비밀기지를 만들어 논다. 효령천에 발을 담그고, 물고기를 잡기 위해서 페트병으로 통발을 만들고, 그 옆에서는 큰 돌을 던져서 '도망가라 물고기야'를 하면서 논다. 느티나무를 둘러싼 벤치와 의자에서는 홀짝홀짝 뛰어넘기를 하고, 부모님들이 애들 끝나기를 기다리며 야외수업이나 체육을 지켜보기도 한다. 왕버들 나무를 둘러싼 여러 나무에서 술래잡기와 무궁화꽃이 피었습니다를 하며 논다. 주차장의 배롱나무에서는 책가방을 걸어놓고, 누가 높게 올라가나, 누가 더 편하게 눕나를 겨룬다. 학교를 둘러싼 사방 천지가 아이들의 놀이터다.

　광주북초를 누리는 교사의 권리이자 의무는 생태교육이라고 생각했다. 학교 안, 밖으로 이렇게 자연이, 환경이, 생태가 평화롭고 아름다운 곳이 없으리라 생각했다. 아이들과 함께 너른 들판을 찾아 무작정 걸었고, 그러다 보면 길이 끊어져 '이 길이 아닌가 벼'라며 돌아서 나왔다. 학교에서 거리가 좀 있는 5.18 구모역을 갈 때는, 앞뒤가 너무 길어져 3명의 아이를 잃어버리고, 나머지 아이들과 지나가는 버스를 잡아타고 학교에서 만났던 아찔한 기억도 있다.

생태가 중심이 되는 광주북초교육과정을 처음부터 시도했지만, 빼야 할 것을 빼지 못해서, 무엇을 해야 할지 알지 못해서, 왜 해야 하는지 설득하지 못해 실패했다. 그 어려웠던 생태교육이 학교 건축 워크숍과 함께 왔다. 2018년 후반기 학교 건축 교사 워크숍을 통해서 문제 제기를 다시 했다. 가장 큰 가치인 생태를 중심으로 학교교육과정을 재편해야 한다고. 그리고 그 논의는 건축 워크숍이 아닌 교육과정 협의회로 넘겨졌고, 모두의 공감 속에 생태교육을 학교교육과정의 첫머리에 놓게 되었다.

생태, 인권, 연결을 핵심가치로 하는 교육공동체의 공감이 광주북초 생태교육의 방향타가 되었다.

<2018 환경생태교육>

환경 생태 교육	◆ 텃밭 교육 - 1, 3, 5학년(수 1교시), 2, 4, 6학년(수 2교시)

<2019 환경생태교육>

환경 생태 교육	◆ 생태 텃밭 교육 - 1, 3, 5학년(수 1교시), 2, 4, 6학년(수 2교시)	
	◆ 사계절 마을 길 걷기 1) 1학년 - 4km 완주하기(계절별 1km) 2) 2학년 - 8km 완주하기(계절별 2km)	◆ 자전거로 떠나는 수학여행 - 5~6학년 - 영산강 종주 생태·역사 탐방 ※ 4학년 자전거 사전교육

<2020 환경생태교육>

환경 생태 교육	◆ 꼬마 농부 프로젝트(* 코로나 19로 인하여 계획 변경 예정) - 1~6학년 - 논농사 짓기(일곡 한새봉 논 - 모내기/논 관찰하기/피뽑기/허수아비 만들기/벼 베기 등) - 북미(米) 활용 교육(추수한 쌀 활용 음식 만들기, 쌀 포장 및 판매 수익금 기부활동 등)	
	◆ 어촌 생태학습을 위한 1교 1촌 교류 활동(전북 고창 장호어촌체험마을) - 코로나로 취소 - 1~5학년(2학기 중) - 갯벌 및 어촌 생태교육을 위한 학년별 특색활동	
	◆ 사계절 마을 길 걷기 1) 1학년 - 4km 완주하기(계절별 1km) 2) 2학년 - 8km 완주하기(계절별 2km)	◆ 자전거로 떠나는 수학여행 (5~6학년) - 영산강 종주 생태·역사 탐방 ※ 4학년 자전거 사전교육 ◆ 多함께 나눔 프로젝트 (ESD-지속가능한 환경생태교육) - 5학년 - 지구온난화 1℃ 낮추기, 올바른 소비, 에너지 절약 실천하기

1) 텃밭 교육

기존의 텃밭 교육은 학부모 협력 수업(학부모 교육 기부)으로 진행되었다. 학교 뒤쪽 넓은 텃밭에 학부모들이 모종과 호미, 물뿌리개 등 여러 준비물을 준비하면, 학생들이 그 시간이 되면 나가서 첫 시간에는 심고, 때로는 잡초를 제거하고, 때로는 수확하는 체험학습 식으로 교육이 진행되었다. 주로 상추, 고구마, 감자를 심었다. 상추는 그때그때 집에 싸가고, 고구마와 감자는 수확해서 학교에서 먹거나 역시 집으로 싸갔다. 그 비중은 작아 창제 시간을 확보하지 못하고 관련 교과 재구성으로 15시간이 진행되었다.

2019년에는 텃밭 교육이 상당히 다른 방향으로 진행되었다. 생태교육 연수를 통해서 생태교육이 어떻게 다양한 방향으로 이루어지는지를 이해했고, 이를 바탕으로 꼬마 농부 프로젝트와 텃밭 교육이 진행되었다.

3, 4월에 심을 만한 텃밭 채소들이 무엇이 있을지 교사와 학생이 의논하고, 이를 바탕으로 각 학년 텃밭 고랑에 여러 작물을 심었다. 토마토, 옥수수, 가지, 열무, 부추, 무, 배추, 해바라기 등 작물이 풍부해졌다. 학년별로 나누고 남은 곳에 봄에는 감자를, 가을에는 고구마를 심었다. 아침마다 아이들은 밭에 물을 주고, 잡초를 뽑았다. 2학년 아

이들은 텃밭의 앞쪽에 조그마한 화단을 만들어 꽃을 심었다. 5학년 학생들은 점심시간마다 상추를 한 잎씩 따서 먹었다. 3학년은 학부모의 도움을 받아 수확한 열무로 열무김치를 만들고, 잘 익었을 때 다른 학년이 그 열무김치로, 열무김치국수를 해서 먹었다. 고구마가 수확되었을 때는 놀랍게도 텃밭의 한쪽에 불을 피워 즉석에서 고구마를 구워 먹었다.

6학년에서는 무를 수확해서는 학부모의 도움으로 깍두기를 담았다. 또 무청을 말렸고, 배추를 수확해서 씻고, 재고, 버무려 김장을 했다. 덕분에 우리 반도 고구마를 구워 먹고, 깍두기를 담가 먹을 수 있었다.

2) 자전거로 떠나는 수학여행

자전거로 떠나는 수학여행은 2015년부터 계속 이어온 광주북초만의 프로그램이다. 2018년까지는 도전 활동으로 이루어졌다.

지역사회단체인 에코바이크와 함께 5차례의 사전교육(수신호 배우기, 자전거 배우기, 단체로 이동할 때의 방법 및 주의점 배우기 등)을

하고, 영산강과 섬진강을 코스로 하여 매년 실시되었다. 5, 6학년이 함께 하기에, 같은 코스로 두 번 가는 것을 피하고자 한 해는 영산강으로 한해는 섬진강으로 교대로 갔다.

이 자전거로 떠나는 수학여행을 도전 활동에서 생태교육으로 이동하면서 몇 가지 문제점이 지적되었다.

첫째는 학생들의 이동이었다. 온전하게 자전거를 타고 떠났다가, 자전거를 타고 돌아오는 코스가 아니라 시작은 학교에서 하고 끝은 영산강의 어디쯤이어서 돌아올 때는 버스를 타고 와야 했다. 아이들을 픽업하기 위한 45인승 버스와 자전거 40여 대 정도를 싣기 위한 큰 트럭이 필요했다. 5~6학년 학생들의 체력을 고려하여 만들어진 코스였다. 도전 활동이었을 때는 문제가 없었지만, 생태교육으로서 자전거 수학여행을 바라봤을 때는 문제의식이 생겨났다. 자전거를 타는 것은 내연기관을 대체하기 위함이 아니었을까? 하는. 생태교육으로의 자전거 여행에 대한 고민이 생겼고, 이를 위해 온전하게 자전거로 일주를 할 수 있는 코스를 고민하게 되었다. 그리고 그 시작이 올해 시도되려 하고 있다.

둘째는 도시락과 텀블러로 대변되는 1회용품의 사용이다. 학생들의 점심으로 도시락을 주문해서 먹었다. 일회용 생수통을 줄이기 위해 텀블러를 구해서 모두에게 나누어주고 사용했다. 도시락에서는 어마어마한 쓰레기가 나왔다. 주문 도시락은 모두 1회용품을 사용하니까. 모두에게 나누어 주었던 텀블러는 작은 생수통을 큰 생수통으로 대체하는 정도의 효과밖에 이루지 못했다. 이 역시 생태교육과는 맞지 않는다는 생각이 들었다. 아직 해결방안을 찾지 못한 숙제다.

도전 활동에서 생태교육으로 바라본 자전거 수학여행은 많은 생각을 하게 해 준다. 같은 활동을 어느 관점에서 바라보느냐에 따라서 다르게 생각되고, 계획되며, 실행되는 것이다. 이제 시작인 생태교육으로서의 자전거 수학여행은 기존과는 다른 모습을 보이리라 생각이 든다.

3) 꼬마 농부 프로젝트

광주북초에 처음 왔을 때부터 눈길을 끄는 것 중의 하나가 학교 주변의 논들이었다. 이전 학교에서 근무할 때부터 담양운수대통마을과 연계하여 모내기와 추수 활동을 해오곤 했었기 때문에 학교 주변의 논이 너무 반가웠다. 아이들과 함께 농사짓기를 위해 학교 주변 논 찾기를 이리저리 알아봤지만, 일개 교사 나부랭이가 찾기에는 어려움이 있었다. 무엇보다 논에는 이름표가 없었다. 또 어렵게 연결이 된 곳은 임대료가 생각보다 훨씬 높았다. 그리고 학교에서 처리할 수 있는 어떠한 회계 항목도 없었다.

2018년을 기점으로 생태교육에 합의하고 처음으로 했던 교사 연수가 생태교육 연수였다. 과연 논농사를 통해서 어떠한 활동을 할 수 있는지, 왜 하는지 등의 물음이 있었기에 시작되었다. 순천인안초에서 논농사로 아이들과 함께 해왔던 박향숙 선생님을 강사로 해서 5회의 생태교육 연수가 이루어졌다.

순천인안초는 우리와 비슷한 학교였다. 작은 학교였고, 생태를 위해 학부모와 학생이 모였고, 거기에 교사가 함께했다. 농사짓기를 주 활동으로 하고, 농사 외에도 학년별로 다양한 생태교육 활동을 하고, 지속 가능한 교육이 이루어졌다. 이 연수를 통해서 우리는 꼬마 농부 프로젝트를 꿈꾸게 되었다. 논만 구하면 되는 상황. 지역협의회가 있었다. 지역 주민센터와 학교장들과 만남 자리에서 교장 선생님이 논 이야기를 꺼냈고, 바로 그 자리에서 학교 옆 동네의 통장님과 전화 통화로 논이 구해졌다. 100평. 또, 6학년 학부모에게 놀고 있는 논을 빌려줄 수 있다는 전갈이 왔다. 또 100평. 모두 200평의 논이 구해졌다.

논이 두 개라 활동도 2개로 나누었다. 100평이 크지 않으리라 착각을 하고, 6학년이 100평 한 곳을, 나머지 3~5학년이 나머지 100평에 농사를 지었다.

4월부터 11월까지 교육 활동이 계획되었다.

> **<2019년도와 2020년 꼬마 농부 프로젝트가 혼합된 일정>**
>
> **4월** 생태도서 읽기와 봄의 생명들
>
> **5월** 보리 베기와 보리 활용한 활동
>
> **5~6월** 모내기와 우렁이 방사. 논 보살피기.
>
> **7월** 김매기와 허수아비 만들기(표상 만들기)
>
> **10월** 벼 베기와 도정. 쌀로 밥해 먹기. 일곡마을축제장터에서 북미 판매.
>
> **10~11월** 보리심기 및 프로젝트 정리

100평은 생각보다 커서 6학년 아이들은 짜장, 탕수육을 외치며 모내기를 했고, 3~5학년 아이들도 힘겹게 모내기를 했다. 3학년은 논에서 리코더를 불고, 벼의 자람을 기록하며 즐겼다. 4학년은 시시때때로 논에 가면서 나들이를 했다. 5학년은 자전거 연습을 하며, 논을 중간 기점으로 삼아 다녔으며, 논을 돌아보며 풍년을 기원했다.

10월 벼 베기로 생각보다 많은 양의 쌀이 나왔다. 처음부터 끝까지 낫으로만 벼 베기를 해서 아쉽게도 떨어진 이삭이 많았지만 400kg 이상의 수확량이 나왔다. 20kg 포대로 20개의 쌀이 나왔다. 아이들이 쌀에 각자의 이름을 짓고 한쪽은 북초의 이름으로 한쪽은 아이들이 지은 이름으로 포장을 해서 절반은 가정으로 보내고, 절반은 일곡동 마을축제장터에서 판매를 했다. 판매금액은 전체 모임인 아띠두레를 통해서 마을잔치를 계획하였지만, 시간의 촉박함으로 해를 넘기게 되었다. 또 장소를 달리하여, 황무지를 4학년 아이들이 삽을 들고 개간

한 보리심기는 11월이 다 되어 늦게 심었다. 과연 살 수 있을까? 걱정을 뒤로하고 천천히 그리고 늦게 자라나고 있었지만, 마을 사정으로 땅이 엎어지고, 다른 작물이 자라나고 있는 것을 확인했다.

아무도 농사지을 줄 몰랐다. 태생이 차도남이라 우기는 담당 교사인 나 역시 농사는 1년에 두 번 모내기와 벼 베기만을 해봤고, 그나마도 체험학습이라 강사님들께 의지하며 지켜보는 것이 다였을 뿐이었다.

2020년은 또 다르게 시작되었다. 땅을 마련해 도움을 주셨던 통장님께서 자리에서 물러나며 어렵게(?) 구했던 논이 사라졌다. 학교 주변에 논을 구하려고 다시 뛰어봤지만 역시나 구할 수 없었다. 그래서 학교에서 거리는 멀지만 많은 아이가 살고 있고, 논 기계를 사용하지 않고, 100% 손으로만 농사가 이루어지는 일곡지구의 한새봉농업생태공원 개구리 논을 활용하기로 했다. 하지만 코로나 19로 인해 전교생이 단체로 활동하기 어려워 희망하는 가족만을 대상으로 모집해 모내기를 진행했다. 그리고 이외의 계획된 활동들은 아쉽게도 못하고 있다.

지속 가능한 또 다양한 활동을 위해서는 접근성이 좋아야 한다. 그리고 항상 아이들이 관찰해서, 벼의 자람을 지켜볼 수 있어야 한다. 또 학교의 담당자와 마을의 담당자에 따라 부침이 있어서는 안 된다. 이제 겨우 두 번째 하는 프로젝트이기 때문에 아직 자리를 잡지 못했다. 이런 문제점을 해결하는 방안을 생각 중이다. 그중의 하나는 학교 건축과 발맞추어 학교 안에 논을 만들면 어떨까 하고 논의 중이다.

4) 장 담그기

　장 담그기는 2019년부터 4학년 프로젝트였다. 꼬마 농부 프로젝트의 생태서 읽기와 4학년의 절기 음식 만들기를 위해 여러 자료와 책을 읽던 중에 〈우리학교장독대〉라는 책을 읽고서 시작되었다.

　다시 한번 말하지만, 태생이 차도남으로 논, 밭과도 인연이 없었고 오히려 마트에서 사서 먹는 게 좋다고 생각하던 나에게 벼농사는 다른 시각을 갖게 해 주었고, 텃밭의 싱싱한 작물들은 직접 일구는 푸성귀들의 즐거움을 느끼게 해주었다. 우리 학교 장독대에서 읽은 내용이 매력적으로 다가왔다.

　라면 끓이기보다 쉬운 장 담그기.

　메주 한 되, 소금 4kg, 물 10L.

　이 레시피를 가지고 장독대를 구하고, 인연이 있었던 운수 대통마을의 우리 콩 조합에서 메주를 구입하고, 마른 고추, 마른 대추, 숯을 준비해 개학한 다음 날 바로 장 담그기를 했다. 사서 선생님의 도움을 받아 3월 3일 장독대를 깨끗이 씻은 다음, 생수에 천일염을 넣고 달걀을 띄어 염도를 맞추고, 메주를 넣고 뚜껑을 닫으면 끝.

　60일 뒤 6월 초에 작은 항아리를 하나 더 준비하고, 메주를 꺼내어 큰 볼에 놓고, 아이들과 조물딱조물딱 하며 메주를 으깨어 장을 갈랐다. 장을 가를 때는 이래도 되나 싶을 정도로 많은 간장을 메주에 부

어 으깨고, 된장은 작은 항아리에 간장은 큰 항아리에 넣고, 뚜껑을 덮었다. 다시 기다림. 한 번씩 간장을 확인하면 하얗게 곰팡이 같은 것이 껴서 '역시 나는 차도남이었어'로 아쉬워했지만, 어느 순간 하얀 곰팡이가 사라지고 짙은 검은색의 간장만 남았고 1월 아이들과 헤어지면서 된장과 간장을 나누었다.

올해는 장독대를 더 구해 큰 장독 2개, 작은 장독 6개로 작년의 4배 정도의 장을 담았다. 학년도 올해의 2학년과 1학년 두 개의 학년이 했고. 코로나 19로 인해 어려움이 있어 장담그기는 당시 학교에 있었던 아이들과 하고, 장 나누기는 다행히 아이들과 함께 할 수 있었다. 장 특유의 냄새로 아이들이 '된장이 싫어요'란 볼멘소리했지만, 이 또한 시간이 해결해주고, 연말에 이 된장을 직접 먹어본다면 달라질 것이다. 뿌듯함과 즐거움이 함께할 것이다.

텃밭 활동, 자전거 수학여행, 꼬마 농부 프로젝트, 장 담그기.

생태교육은 다른 것에 비해 몸이 고달프다. 모기에 물리고, 땀은 범벅이 되며, 촉감은 낯설다. 또 냄새는 어찌나 심한지. 하지만 정직하다. 아니 어쩌면 과분하다. 나와 아이들이 들인 수고에 비해서 지나치게 많은 결실을 가져다준다. 그리고 그러한 결실은 아이들에게 성취감을 준다. 이것이 기존의 생태교육과 달랐던 우리 학교, 광주북초의 생태교육이다.

03
바람

 우리 학교는 2005년 지산초등학교 북분교가 되었다가, 2015년 다시 광주북초등학교가 되었다. 분교에서 본교로 승격하면서 학교 주변의 환경에는 큰 변화가 없었다. 아파트 단지가 들어서지도, 주변에 큰 산업단지나 개발이 되지 않았다. 작은 학교 살리기 운동이 있었고, 이런 아름다운 작은 학교에 내 아이를 보내고 싶다는 학부모들의 열망이 있었다. 어떤 학부모에게는 분교의 10년이 가장 아름다운 추억일 수도 있다. 그야말로 아름다운 작은 학교. 누추하지만 소박했고, 학생은 적었지만 큰 가족 같았다. 하지만 100여 명이 넘은 학생 수로 인해 승격되었고, 작지 않은 변화들이 있었다. 그리고 학교 건축은 이러한 변화의 총체일 것이다.
 2020년을 기준으로 학교에는 긍정적인 많은 변화가 있었다. 또 그만큼의 아쉬움이 있고, 풀어나가야 할 과제가 있다.

 북구 효령동에 있는 광주북초등학교.
 도심지 농촌학교로 학부모학교 참여가 큰 특징인 우리 학교는 아쉽게도 마을에 안착하지 못했다. 학생의 80-90%가 인근의 일곡동, 양산동, 첨단의 아이들이다. 또 10~20%에 달하는 학생들 또한 토박이가 아닌 경우가 대부분이다. 구성원의 대부분이 이 지역 아이들이 아니어서 주변 마을과의 관계가 단절되어있다. 마을교육공동체에 기반한 몇몇 학교를 제외하고 대부분 학교가 마을과의 관계 자체가 없을 것이지만 우리 학교는 그야말로 농어촌 지역에 있는 학교이다. 그 특성상 마을과의 관계가 어느 정도 형성이 되어야 생태교육이 이루어질 수 있다.

2019년 꼬마 농부 프로젝트에서 우리는 마을과 함께 꽤 재미있는 활동을 할 수 있었다. 100평 땅 두 곳에서 400kg. 총 20포대의 쌀을 수확했다. 그리고 보리도 심었다. 그런데 2020년엔 다른 곳에서 꼬마 농부 프로젝트를 진행해야 했다. 도움을 주었던 마을의 통장님이 이런저런 사정으로 통장을 물러나게 되면서 논을 빌릴 수 없게 되었을 뿐만 아니라 심었던 보리마저 뒤엎어졌다. 물론 사전 논의 같은 것은 없었다. 학교의 기반이 마을이 아닌 이유에서였다. 마을에서 학교는 이방인들의 집합체였다. 딱히 싫은 소리는 하지 않았지만 내 학교, 내 아이들의 학교는 아니었다. 많은 분이 우리 학교의 졸업생임에도 불구하고 말이다. 학교가 위치한 효령동, 태령동 마을과의 관계를 맺고, 개선하기가 첫 번째 바람이다.

두 번째는 학부모 역할의 복원이다. 분교 시절부터 지금까지 광주북초를 상징하는 단어는 학부모의 학교 참여가 활발하다는 것이다. 이는 학교 건축 소위원회의 여러 활동과 학부모 워크숍을 통해서 다시 한번 드러났다. 그런데도 초기의 학부모 역할과는 차이가 있다. 작은 학교 살리기 초기 학부모의 경우 그 참여도가 남달랐으며, 학부모 모임에서 텃밭 생태 활동, 독서회의 책을 읽어 주기 활동, 놀땅의 놀이 활동 등 굉장히 활발했다. 2019년을 기점으로 소수의 학부모가 다수의 활동을 하는 어려움이 더해져서 2020년인 올해 모든 활동이 멈춘 상태다. (물론 코로나 19의 영향이 크다) 이전부터 가족 캠프에 대하여 1박 2일의 행사 일정에서 당일 행사로 변화의 요구가 거의 50대 50일 정도로 팽팽했다. 거기에 생태 활동의 경우 학교교육과정의 중심축을 생태교육으로 전환하면서 상당 부분이 교사의 활동으로 바뀌었다. 당시 활동하던 학부모의 이야기는 협력 강사의 역할로 시작해서, 주 강사의 역할을 하게 되어 부담감이 있었고, 학교 교육과정으로 온전히 풀어가기를 바랐다고 했지만, 결과적으로 학부모의 역할이 점점 줄었다.

광주북초에 아이들 보내기 위해서 대부분 부모는 수고로움이 있다. 학생들 등하교의 어려움을 함께해야 한다. 또 돌아가며 한 주에 한 번씩 아이들 반에서 책 읽기를 해야 한다. 맞벌이의 경우 이때에는 휴가라도 써야 한다. 1년에 하루지만, 학교에서 불편한 1박 2일도 해야 한다. 특별한 목적이 없으면 보내기가 쉽지 않다.

그래서 예비 학부모 교실을 통해 1학년 학부모부터 시작해서 학부모의 책무성을 확실하게 했으면 좋겠다. 현실적으로 모든 가정에서  학교의 다양한 활동에 참여하기가 쉽지 않다. 하지만 우리 학교에 아이들 보내고, 보내는 만큼의 수고를 감당하기로 하였다면 여러 학부모 모임-생태, 놀땅, 독서회, 아빠 모임 등-중 한 가지는 반드시 가입하고, 1달한 번은 꼭 모임에 참석하는 책무성이 있어야 한다고 생각한다. 그래서 다른 어느 학교에서도 찾기 힘든 학부모학교 참여의 문화가 지속되었으면 좋겠다.

셋째는 작은 학교 어려움의 극복이다. 작은 학교의 많은 부분은 좋다. 코로나 19로 많은 학교가 학년별로, 또 학년 내에서도 나누어 학교에 나오는 시기에도 작은 학교인 우리 학교는 100여 명의 모든 아이가 학교에 나올 수 있었다. 하지만 아이들 사이 관계의 문제가 있다. 많게는 20여 명, 적게는 10여 명의 아이가 6년을 한 반으로 지속하는 것은 관계에서 문제가 생긴다. 동일 집단으로 6년의 세월은 생태계의 측면에서 볼 때 좋은 일만은 아니다. 아이들은 변화의 시기를 잡지 못하고, 낙인이 한 번 찍히면 끝까지 가게 된다. 성숙한 성인은 덜 할까 싶지만, 우리 주변을 살펴보면 더하면 더했지 덜하진 않을 것이다. 더구나 나와 맞지 않은 혹은 상극인 성격의 사람까지 더해진다면 말이다.

홍천의 노천초등학교의 사례처럼 또래 집단의 역할이 강해지는 4학년이 되면 복수학급, 그러니까 2개 반으로 만드는 방법이 있다. 4학년 1반, 4학년 2반. 이렇게 2개 반이 되면 이질 집단의 투입으로 아이들의 변화가 가능해질 것으로 생각이 든다. 변화의 기회를 찾을 수 있고, 한 번쯤은 떨어트려 놓아야 할 아이들에게 시간을 줄 수 있다. 이를 위해서 적극적으로 4학년 대상의 학생을 받아들여서 학생 집단에서 다양성이 확보되었으면 한다. 또, 같은 고민을 가지고 있는 다른 작은 학교들의 사례를 보면 비슷한 규모의 작은 학교와 공통의 교육과정을 운영해서 함께 프로젝트 학습을 운영하는 방법도 있다. 다른 학교의 같은 학년의 교사와 협업해서 동학년이 없는 어려움을 극복하고 학생들이 만나는 친구들의 영역을 넓혀주는 프로젝트를 기획하여 집중 운영하는 것이다. 작은 학교의 한계에 포기하지 말고 단점을 보완할 수 있는 다양한 방법을 찾아보면 좋겠다.

마지막으로 학교교육과정에서는 교육과정의 단순화, 생태 교육과정의 강화와 유지, 그리고 북초만이 가지고 있는 교육과정의 운영 및 정착이 있었으면 좋겠다.

학교교육과정이 지나치게 촘촘하게 짜여지는 것에 대해 경계해야 한다. 학교의 교육과정은 전체의 방향성을 제시하고, 꼭 함께 가야 할 한 가지나 두 가지의 내용만을 규정하면 된다. 하루, 시간 단위로 짜인 촘촘한 교육과정은 불가능한 교육과정이다. 지금 당장 코로나 19로 인한 온라인 교육을 보면 극명하게 드러난다. 학교 전체의 교육과정으로 학년과 학급교육과정을 규정하게 되면 변화에 대처할 수 없고, 다양성을 잃게 된다. 학교의 교육과정은 방향성과 목표를 단순 명료한 수준에서 이야기하고, 학년 학급에 여지를 주어야 한다.

생태 교육과정은 광주북초만이 할 수 있는 무엇인가가 있다고 생각한다. 어쩌면 광주북초의 존재 이유일 수 있다. 따라서 학교의 전체 방향성과 목표를 생태와 관련지어 단순하고 명료하게, 누적하였으면 한다.

다양성이 있는 학년과 학급의 교육과정을 위해서 이상은 아름답되, 땅에 굳건하게 자리를 잡은 교육이 시도되고 정착되었으면 한다. 제주의 국제 바칼로레아 교육과정의 시도가 그러하고 다양한 대안 교육에서 제시하고 있는 교육을 충분히 품을 수 있으리라 생각한다. 서머힐, 키노쿠니와 남한산초등학교 그 어디쯤 위치한 학교였으면 한다.

4차 산업혁명을 논하며 최첨단의 교육을 논했고, 코로나 19로 인해 새로운 형태의 교육이 논해진다. 다양한 사람이 다양한 교육에 대해 논하면서 혹은 현실에 지친 이들이 그만큼의 현실적인 교육을 논하면서 교육이 망가져 간다. 광주북초의 교육이 최첨단은 아니지만, 또 다른 형태의 교육으로 자리 잡기를 바란다.

05

공동체 참여 설계는 어떻게 반영되었는가?

01 남향 VS 서향 _학교의 위치와 배치
02 필로티와 외부계단 _아이들의 이동동선
03 배구 좋아하세요? _강당 크기에 대한 생각
04 삶의 공간, 교실
05 다락방이 있는 도서관
6 급식실이 아닌 식당을 만들자
07 공유 공간 _까페테리아
08 교사의 새로운 공간
09 또 다른 구성원, 나무

01
남향 VS 서향 _학교의 위치와 배치

　북초의 제안공모가 여러 번의 유찰 끝에 간신히 원건축사사무소(주)로 선정되었다. 기존의 설계와는 달리 설계자의 역할을 많이 요구하는 사용자 참여형 설계에 예산을 거의 재능 기부식으로 적게 책정해 놓았으니 공모자가 없는 것은 뻔한 사실, 그럼에도 불구하고 사용자 참여형 설계에 뜻이 있는 건축사를 만날 수 있었던 것은 불행 중 다행이었다. 아무튼 제안 공모에 당선된 원건축은 학부모들의 요청으로 채택된 공모안에 대해 설명회를 했다.

　채택된 공모안을 보면 멋들어지게 높은 강당이 운동장 한쪽에 홀로 서 있고 지금의 본관 건물 뒤쪽에 남향을 향해 신축의 2층 건물이 나란히 뻗어 있는 그런 배치를 하고 있었다. 건축사가 우리가 제시했던 제안서의 내용을 반영하려고 고심한 흔적들이 곳곳에 보였다. 하지만 공모안을 처음 본 순간 학부모들 사이에서는 기본 배치부터 다시 이야기가 나오기 시작했다.

　우선 처음부터 요구했던 자그마한 다목적실 같은 강당이 아닌 운동장의 자리를 좁혀 가면서까지 거대하게 만든 강당의 크기에 대해서 이의를 제기했다. 학부모들이 강당이 아닌 소규모의 다목적실을 원하는 이유와 배경에 대해서 이야기 나누고 이를 이해한 건축사는 소규모의 강당이면 신축 건물 안에 넣어서 만들 수 있다고 하여 이 부분에 대해서는 학부모들과의 합의를 끌어냈다.

다음으로 제기된 이의는 신축 건물의 위치였다. 신축 건물이 본관 건물의 뒤쪽에 위치한 가장 중요한 이유는 신축 건물의 방향이 남향을 향하게 하기 위해서라는 설명을 들었다. 이에 한 학부모가 아이들의 교실이 본관 뒤 학교의 맨 뒤에 위치해 있으면 아이들이 운동장에 쉽게 놀러 나갈 수 없는 것을 들어 왜? 교실이 꼭 남향이어야 하는가에 대해 질문을 던졌다. 그에 대해 건축사는 이렇게 짓지 않으면 건물이 서향을 향할 수밖에 없다는 답변을 내놓았다. 그때부터 학부모들 사이에서는 남향이냐, 서향이냐에 대해 열띤 토론이 이어졌다. 급기야는 학부모 워크숍에 참관하러 들어 오신 선생님들께 지금의 남향인 교실의 좋은 점과 안 좋은 점에 관해서 이야기를 청하기도 하였다. 오랫동안의 토론 끝에 학부모들은 건물의 방향은 중요하지 않다는 것에 합의를 보았고 좋은 방향보다는 아이들이 즉각 운동장이나 잔디마당으로 나가 놀 수 있는 좋은 동선의 위치를 모색하기 시작했다. 건물은 무조건 남향이 좋다는 고정관념에 따른 기계적인 선택이 아니라 건물이 남향을 향함으로 인해서 오는 득과 실을 따져서 결정한 것이다. 남향이 일조량이 많아 좋긴 하지만 실제 수업 시간에는 너무 눈부셔서 블라인드를 치고 수업을 해야 한다는 점, 남향이 좋은 한겨울에는 아이들이 방학 중이라는 점, 학교의 본관과는 어울리지 않는 엉뚱한 건물이 될지 모른다는 우려, 아이들이 운동장으로부터 너무 멀리 떨어져 있다는 걱정, 나름대로 서향이 가지는 이점 등이 어우러지면서 서향 배치의 안이 결정되었다. 강당이 축소되어 건물 안으로 들어오고 건물의 배치도 학교의 조망을 최대한으로 가리지 않게 길게 뻗은 서향 건물의 안이 완성된 것이다. 고정관념을 자연스럽게 뒤집고 무엇이 아이들을 위한 최선의 선택인가에 대해 이야기를 나누는 모습에 깊은 존경심과 감사함을 느꼈다.

학교는 교육청이 지어야 한다는 고정관념을 깨고 사용자 참여의 건축을 먼저 시도한 북초의 학부모들 입장에서는 이러한 일들은 새삼스러운 일도 아니였을테지만...

변경 전　　　　　　　　　　변경 후

02
필로티와 외부계단 _아이들의 이동 동선

1) 필로티

아이들은 항상 노는 것에 고파한다. 북초는 사방이 놀 곳으로 둘러싸여 있지만, 아이들은 항상 더 나은 놀이 장소를 찾아다니고 탐색한다. 북초 아이들은 학년별로 노는 곳이 암묵적으로 정해져 있다.

6학년이 운동장에서 공을 차면 5학년 아이들은 유치원 건물 벽에서 공던지기를 하거나 배드민턴을 친다. 4학년 아이들이 교실 앞의 커다란 히말라야시다 나무를 경계로 피구를 하면 3학년 아이들은 학교 건물 뒤나 학교 옆을 흐르는 하천으로 내려가 다슬기나 개구리 등을 잡으며 논다. 1, 2학년의 활달한 아이들은 씨앗 놀이터가 있는 학교 숲과 잔디밭 광장을 번갈아 뛰어다니며 놀고, 사방치기나 줄넘기를 하고 싶은 친구들은 교무실 올라가는 계단 옆의 그늘진 공간에서 부대끼며 논다. 누가 나서서 여기서 놀아라, 저기서 놀라 하지 않았음에도 아이들은 자연스럽게 그 학년이 되면 그 장소로 가서 논다. 한 학년에 한 학급밖에

되지 않아 새 학년에 대한 기대가 무뎌져 있던 아이들에게 새 학년이 되면 동경해왔던 그 장소에서 놀 수 있다는 기대감은 엄청나게 스릴

있고 흥분되는 것이었다.

　북초 아이들은 학년별로 아지트가 있다. 5학년 6학년의 고학년 아이들은 오랫동안 학교에 다닌 경험을 살려 주로 학교 안에 있는 지형을 이용한 아지트를 짓는다. 학교에는 잔디마당과 대나무숲을 경계 짓는 물이 마른 작은 도랑이 있다. 이 도랑에는 옛날 다리 구실을 하던 커다란 나무가 가로질러져 있는데 아이들은 여기를 더 깊게 파고 나뭇잎들을 긁어모아 바닥에 깔고 나뭇가지들로는 위를 덮어 방공호 같은 것을 만든다. 여기서 친구들과 도란도란 이야기도 나누고 간식도 먹고, 암튼 밖에서 보면 완벽하게 숨겨진 은닉처이다. 3학년 4학년의 중학년들은 학교 옆 하전의 나무 사이에 아지트를 만든다. 주워 온 나뭇가지들로 나무와 나무 사이를 엮어 햇빛이 들어 오지 않게 하고 커다란 비닐을 구할 수 있는 운이 좋은 날에는 비를 막는 가림막

도 만들어 비를 피해 옹기종기 앉아 있기도 하다. 어쩌다 운이 좋아 아지트에 초대받은 아이들은 거기서 책도 읽고 놀 수도 있다. 1학년 2학년의 저학년들은 호시탐탐 윗학년들의 아지트를 노린다. 윗학년들이 만들었던 아지트에 들어가 리모델링을 하고 논다. 재활용 통을 뒤져 박스를 찾아내 지붕을 만들고 자리도 깐다. 몰래 숨어들어 간다고 만든 아지트지만

밖에서도 훤히 보이는데 행여나 아지트가 노출될까 봐 살금살금 기어 다니는 모습을 보면 귀여워 죽을 지경이다.

  학교숲으로, 운동장으로, 대숲 앞 잔디밭으로 나가서 노는 것도 좋지만 삼삼오오 모여서 실내 같은 실외에서 종기 종기 모여 앉아 놀고 싶어 하는 아이들도 있다는 것을 학생 워크숍 공유회를 통해서 알게 되었다. 아이들이 말하는 '실내 같은 실외'는 무엇을 말하는 걸까? 수수께끼를 푸는 마음으로 찾은 것이 필로티이다. 사방이 뚫려 있어 바깥이지만 바람이나 따가운 햇빛을 막아주어 아늑한 곳, 때로는 다른 사람의 시선도 차단시켜 주는 비밀스러운 너와 나만의 우리들의 공간.
  아이들은 이렇게 작은 공간이라도 자신들에게 필요한 것을 이야기했고 우리는 그러한 아이들의 바람을 담아 설계에 필로티 공간을 넣어 달라고 요구했다. 하지만 교육청과의 조율과정에서 이 구조는 바람이 심하게 몰아쳐서 아이들이 위험할 수도 있다는 이유와 구조상의 비용 문제에 부딪히게 되었다. 바람이 세게 부는 한겨울은 겨울방학으로 아이들이 학교에 다니지 않는다, 추가로 예산을 더 넣어 달라

설득을 했지만 결국은 예산의 높은 벽을 넘지 못해 삭제되었고 아이들에게는 미안한 마음뿐이었다.

2) 외부계단

학교 설계에 본격적으로 참여하면서 가장 고려했던 요소가 '동선'이었다. 처음 학부모 워크숍을 진행했을 때 학부모들은 아이들의 교실이 본관의 기존건물에 있고 신축하는 신관 건물에 행정동과 특별실을 넣기로 합의를 하였다. 이는 본관 건물에 대한 애정의 깊이와는 별개로 아이들이 신축 건물에서 생활하게 되면 밖으로 나갈 수 있는 동선이 길어져 아이들의 숲으로 운동장으로 나가 놀지 않을 거라는 우려가 더 컸다. 그래서 본관 건물 리모델링할 때 교실에서 밖으로 나가는 문을 만들어 지금보다 더 쉽게 운동장으로 숲으로 나가게 하지는 데에 의견을 모았던 것이다. 하지만 워크숍 공유회를 통해서 아이들과 선생님의 생각은 다르다는 것을 알았다. 아이들은 높은 곳에서 운동장과 숲을 내려다보기를 원했고, 선생님은 새로운 교실의 형태에서 교육과정의 재정비를 원하셨다.

아이들과 선생님과 학부모들을 모두 만족시키는 방법이 있을까? 어느 누구의 편에서 설계를 하기에는 모두들 소중한 마음들이었다. 어떻게 할까? 어떻게 해야 하지? 고민과 고민 끝에 나온 답이 바로 외부계단이었다.

높은 곳을 원하는 아이들을 위해 3학년부터 6학년까지의 교실은 모두 2층에 배치하고, 새로운 교육 공간을 원하는 선생님들을 위해 1학년, 2학년은 1층에 배치했다. 1학년과 2학년 교실 사이에는 두 학년이 공동으로 넘나들며 사용할 수 있는 공유공간을 만들고 밖으로 바로 나갈 수 있는 문을 만들었다. 문제는 2층의 나머지 학년들이었다. 2층의 아이들이 건물 안에 갇혀 지내지 않고 쉽게 밖으로 나가서 놀 수 있는 환경을 만들어 주고자 우리는 2층 교실 바깥쪽에 공간을 만들어 외부로 나갈 수 있는 계단을 설계에 반영하였다.

지금 생각해도 외부계단은 세 구성원의 요구를 모두 품을 수 있었던 기발한 아이디어였다는 생각이 든다. 또한, 구성원들이 모여서 꼬리에 꼬리를 무는 생각을 따라 이 지점에 도달해 결론을 끌어냈던 드라마틱하고 아찔했던 순간은 어떤 희열까지 느껴졌다.

기쁨도 잠시, 이러한 우리의 기발했던 아이디어는 교육청에 의해 철저히 차단당했다. 그네에서 사고가 난 뒤에 모든 초등학교에서 그네가 사라진 사례를 친절하게 들어가면서 이러한 위험시설은 아이들에게 안된다고 혹시나 떨어져 죽는 사고가 발생할 수도 있다는 어이없는 답변을 들었다. 차라리 돈이 없다고 하지. 아이들에게 위험하면 모든 것을 다 없애기만 할 것인가? 그네가 아이들에게 그렇게 위험한 기구이면 모든 어린이 놀이터에 있는 그네들은 다 없애야지 왜 학교에 있는 그네만 위험하다고 없앤 것일까? 그네는 아이들에게 위험한 기구인지, 아니면 책임을 지기 싫어하는 어른들에게 위험한 기구인지 알 수가 없다. (판단은 각자에게 맡긴다)

우리의 합의사항과 외부계단의 안전성에 대해 아무리 강조해도 우리에 대한 이해가 일도 없었던 교육청에 의해, 결국은 외부계단도 최종설계에 반영되지 못했다.

어떠한 좋은 대안을 고심 끝에 내놓아도 교육청은 답정너였고 그때마다 우리는 울분을 삭이며 좌절감만 맛보아야 했다.

03
배구 좋아하세요? _강당 크기에 대한 생각

　교실 4칸에 3층 건물을 짓고 급식실과 강당을 지을 거라고 교육청 시설과 주무관이 와서 설명할 때였다. "배구 좋아하세요? 선생님들 배구 하실 수 있게 배구코트 들어가는 강당을 지을 겁니다." 배구코트 빡! 강당 빡! 강당은 무엇을 고려해서 지어야 할까, 학교에서 강당의 기능은 무엇인가. 강당이라면 학생 체육활동이 가능한 실내시설과 학교에서 대규모 행사가 가능한 공간이 떠오른다.

　광주북초 공동체는 애초에 학교 숲과 건물의 조화를 중요하게 생각하고 학교 건물이 들어와서 학교 경관을 해치는 것, 새로 지어지는 건물이 너무 거대해서 기존의 건물과 어울리지 않거나 억압되는 형태로 지어지는 것을 경계했다. 배구코트냐, 농구 코트냐, 배드민턴 코트냐에 따라 층고도 다를 것이지만 현재 급식실 위에 지어질 강당의 층고를 배구코트 높이로 하면 너무 높다. 1층 높이라서 낮은 본관 건물과 그 뒤를 에워싸는 소나무 숲과 연결되는 하늘의 풍경이 학교 구성원들에게는 늘 익숙하고 소중한 기억 속의 풍경이다. 거기에 거대한 덩어리로 급식실과 강당이 자리하는 것에 대해 고민이 많았던 터였다.

　강당에 대한 현실적인 문제는 또 있다. 학교 전체 공간의 면적이 한정되어 있고 시설비가 한정되어 있다는 것이다. 강당을 줄이면 교실과 복도 같은 다른 실의 면적을 확보할 수 있다. 강당을 짓는 데 드는 비용이 8억에서 13억 정도 든다고 했다. 그 비용을 줄이면 예산 때문에 포기했던 것을 다시 살릴 수 있다!

비용과 면적 때문만이 아니라 1차 디자인 워크숍의 결과보고서에 제시된 강당에 대한 의견은 명확하다. [공연, 소규모 체육실, 음악 연습실 등 다양한 역할이 가능한 장소로 계획], [기존의 다른 강당처럼 사이즈가 클 필요가 없음]. 학교 공동체는 다양한 역할을 기대한 복합 공간으로서의 강당을 원했다. 학생 수에 비해 운동장이 크고 놀이 공간도 여러 곳이 있어서 날씨에 영향을 받을 때의 경우를 제외하고는 실내체육시설에 대한 요구가 큰 편은 아니었다.

누군가 배구가 교육과정에 있으니 배구코트를 넣어야 한다고 말하기도 했는데 그렇다면 교육과정에는 수영도 있으니 수영장을 넣을 것인가? 아이들이 말했던 롤러 스케이트장을 넣고 싶다. 그것도 교육과정에 있다! 학교에 축구장도 스케이트장도 만들자! 그중에 무엇을 넣어 강당을 만들 것인가! 이미 1차 디자인 워크숍에서 어느 정도 협의가 된 부분이었지만 실제 설계에 반영되는 상황에서 다시 논의가 시작되었다. 강당 이슈에서 가장 중요한 부분은 강당의 층고를 줄이고 싶다는 것이었다. 공동체의 바람대로 층고 낮추는 문제는 생각보다 간단하지 않았다.

교육청에서 지역 주민이 활용할 수 있는 생활체육 공간으로서 강당을 고려해야 한다고 의견을 내었다. 맞는 말이다. 그렇다고 배구코트 높이를 고집해야 하는 근거는 되지 못한다. 오히려 주민들이 어떻게 학교 강당을 활용하게 할 것인지, 지역 주민의 요구는 무엇인지를 파

악하는 것이 맞을 것이다. 광주북초는 도시 중심에 있는 학교가 아니다. 우리 학교에서 걸어서 10분 거리에 효령노인복지타운이 있다. 대부분 고령인 지역주민들은 이미 효령노인복지타운의 체육시설을 이용하고 있다. 노인을 위한 체육시설이라면 게이트볼장을 만들어야 하나. 주변 담양과 광주 북초와 비슷한 지역사회에 있는 학교들의 의견을 청취해보니 강당이 처음에 지어지면 마을에서 그나마 젊은 (시골에서 청년은 대부분 60대이다.) 주민들을 중심으로 배드민턴 동호회 같은 것을 만들었다가 금새 사라지고 만다고 했다. 도시에서 생활체육이 활발하게 이루어지고 있는 것과 다르다. 게다가 광주북초는 대부분 원주민보다는 주변 일곡이나 양산동에서 통학하는 학생이 많아서 학부모를 중심으로 한 지역사회 커뮤니티가 없다.

무조건 강당이 지역사회의 랜드마크가 되는 체육시설이어야 한다고 고집할 것이 아니라 학교의 지역적 특성을 반영하고 교육과정의 내용과 운영 방식을 고려한 강당을 고민해야 한다는 것이 학교 구성원의 주장이었다. 건축사사무소에서도 층고를 낮추었을 때 대략 어떤 건물의 형태가 나오는지를 시뮬레이션해서 대안을 제시해 주었다. 결론을 내기 위해 교육부에 질의 공문을 보냈고 답변을 받았다.

---

1. 관련 : 광주북초등학교-5418(2019. 7. 18.)호
2. 질의하신 사항에 대하여 아래와 같이 회신하오니 업무에 참고하시기 바랍니다.

가. (질의1) 교육부 내에서 지정한 학교 내 체육관 시설기준 여부 및 내용
　☞ (답변) 우리부는 체육장 시설과 관련하여 관련법령*에 따른 최소기준면적과 안전관리 기준만을 규정하고 있음
* 「고등학교 이하 각급 학교 설립·운영 규정」제5조제2항 및 「학교안전사고 예방 및 보상에 관한 법률 시행령」제10조제1항

나. (질의2) 국제체육기준이 아닌 학교 교육 방향에 따라 다양한 프로그램을 운용할 수 있고, 동시에 체육교육활동의 목적도 고려한 면적과 층고를 사용자 맞춤형으로 조정하여 체육관 설계 가능 여부
　☞ (답변) 해당 체육관이 국제체육기준을 필수적으로 적용해야 할 대상이 아니라면, 층고와 면적에 대한 사항도 사용자 요구를 반영하여 다양한 프로그램을 운용할 수 있도록 유연하게 추진할 수 있을 것임. 끝.

그렇게 또 하나의 산을 넘었다. 공동체의 상상을 현실로 만들기는 이렇게나 어렵다. 아니, 하던 대로 하지 않는 것이 어려운 건지도 모른다.

04
삶의 공간, 교실

"아이들만의 공간이 모자란 것 같아."
"교사나 친구들의 눈을 의식하지 않고 편하게 이야기하고 놀 수 있는 공간도 필요해. 때로는 아이 혼자 있을 만한 공간도 있었으면 해."

광주북초등학교의 1차 워크숍과 2차 워크숍을 통해서 교실에 관한 이야기를 많이 했다. 교실이라는 공간에 아이들의 삶을 넣었을 때 여러 이야기가 나왔다.

- 복도는 통행만의 공간이 아닌, 실내 놀이 공간이 될 수 있도록 넓게. 하지만 서로 부딪혀 다치지 않도록 달리기 좋은 직선이 아닌 배치.
- 교실 안에 학생 개인의 공간이 너무 없고, 좁음. 현재 사물함은 겨우 책만 넣을 수 있음. 책상과 걸상은 가정에서 쓰는 넓이와 편안함과 기능성을 갖추고 있지 못함. 따라서 개인 사물함을 라커의 형태로 개인의 패딩을 넣을 수 있는 높이와 깊이를 가질 수 있게 할 것. 또 책상과 의자는 오래 앉아 있기 때문에 넓었으면 좋겠고, 최고가의 의자는 아닐지라도 허리가 편하고, 다리를 편하게 놓을 수 있도록 기능성을 일정 정도 가질 것.
- 넓이의 제약으로 충분한 교실 크기가 확보되지 않았기에 라커와

준비물을 교실이 아닌 복도의 공간에 배치할 수 있도록 설계하고, 맞춤형으로 제작할 것.
- 1층과 2층에 교실들이 위치하기에, 적어도 한 층당 한 곳 정도의 시선이 차단되어, 학생과 학생, 교사와 교사, 학생과 교사가 대화할 수 있는 공간이 있을 것.
- 교실은 직사각형의 형태로, 유치원과 초등 교실은 분리가 되도록 구성할 것.
- 교실과 특별교실의 공간을 분리할 것.
- 교실과 교실은 가변적이어서 통합되기도 하고, 분리되기도 할 것. 한 교실의 일부분과 옆 교실의 일부분을 공유하여 중간 공간을 만들 것. 이 공간은 아이들의 쉼터가 되기도 하고, 교사의 연구실이 되기도 하며, 상담의 공간이 될 수도 있음. 또한, 완전한 폴딩 형태가 된다면 두 교실을 연결하여 하나의 큰 교실이 될 수도 있음. 프로젝트 학습이나 2개 학년이 같은 내용으로 함께하는 수업에 활용이 될 수 있음.
- 모든 교실에 바닥 난방이 가능하게 할 것. 겨울에 온풍기 형태의 난방보다 바닥 난방이 학생들의 건강에 도움이 됨.
- 수평으로의 이동뿐만이 아니라, 수직으로 이동할 수 있는 교실을 만들어 볼 것. 서울 꿈담 교실의 사례를 바탕으로 교실 내에 다락방 형태의 작은 공간을 만들어서 활용할 수 있음.
- 보육 교실은 학년 교실과 달리 보육의 역할이 크므로, 개수대와 싱크대를 별도로 마련하고, 바닥에 온돌이 들어오도록 할 것.
- 교실에서 외부 놀이 공간으로 바로 나갈 수 있도록 할 것. 1층은 교실에서 작은 운동장으로 바로 나갈 수 있도록 문은 설치하고, 문

> 앞에 데크와 2층 테라스를 결합.
> - 1층과 2층은 약간의 틀어짐이 있어서, 자연스럽게 1층에 필로티가 2층에는 테라스를 만듦. 필로티는 그늘이 생겨 아이들의 쉼의 공간, 놀이 공간, 비를 피하는 공간으로 활용. 테라스는 작은 운동장과 대나무 숲을 바라보는 방향으로 2층에서 1층을 조망하고, 2층에서 1층 작은 운동장 공간으로 직접 나갈 수 있도록 계단을 설치함. 작은 운동장에서 2층 강당 쪽으로 계단을 설치하고, 벤치의 역할을 할 수 있는 너비로 만들어, 1층을 간이 무대로 사용할 수 있도록 함.

이것 외에도 더 많은 이야기가 오갔다. 하지만 늘 그랬듯이 예산의 부족과 전례가 없는 듯한 학교 건축을 위한 협의 구조에 교육청은 완고한 반응이었다. 또 늘 그랬듯이 교육청의 안은 수정에 수정을 거듭하여 설계에 반영이 되었다. 예산 부족이라는 그들의 일갈은 늘 우리가 물러서게 만드는 강력한 무기였다. 정말 예산만의 문제였는지는 모를 일이다.

하지만 많은 이야기가 오가지 않았다.

'삶디'에서 박형주 센터장과의 간담회 중 '학교 건축을 하신다는데 거기에서 뭘 하려고 하십니까? 어떤 건물을 만들려는 것이 우선이 아닌 뭘 하기 위해 건물을 어떻게 만들어야 하는지 생각해야 합니다.'에 대한 이야기를 듣고, 한 차례 흔들렸던 기억이 나서 교실에 관한 이야기는 쉽게 나오지 않았다. 지금 교실에서 아이들의 불편함을 덜어주는 수준의 아이디어만이 나올 뿐이었다.

'교실에서 뭘 하지?'
'나는 어떤 수업을 하지?'
'내가 하는 수업이 지금의 공간에서 불편한 것은 뭐지?'

교실에서 모두가 그렇듯 주로 수업을 한다. 학생과 교사, 학생과 학생 사이의 주고받는 말들과 눈빛들 그리고 행동들이 어우러져 배움이 이루어진다. 거기에 '그 배움을 구체적으로 이야기해봐. 그리고 그 구체적인 이야기를 공간으로 표현해봐.'라는 물음에 답을 하기가 어려웠다.

연수를 통해서 수업의 형태에 대해 여러 차례 강의를 들었다. 실제로 교실을 여러 공간으로 나누어 다양한 형태의 수업을 하는 분의 이야기도 들었다. 그런데 내 옷이 아닌 것 같았다. 그래서 '어차피 나는 그 교실 제대로 사용하지도 못하고, 내년에 새로 오시는 분들이 사용하게 되는 공간이니까 그분들이 그분들의 교실을 만들 수 있도록 비워놓자'가 교실에 대한 의견이었다.

그런데 정말 그걸로 된 걸까?

교실을 둘러싼 환경과 구조에 대해서는 그리 많이 고민하고, 이야기했으며 의견을 나누어 구체화를 했다. 물론 항상 많은 부분이 수정되는 것에 대해 분노했다. 하지만 교실에 대해서는 변죽만을 울렸다는 생각이 든다. 누군지 모를 후임 선생님을 배려한다는 생각으로 조금 더 과감하게 교실 구조를 선정하지 못했음에 아쉬움이 든다.

2020년 10월의 완공 및 입주를 앞두고 7월에 학생들의 또 다른 워크숍을 기획했다. 교실 내부에 들어갈 가구의 형태 및 구조를 전문가와 함께 디자인하고, 맞춤의 가구들의 배치를 통해서 교실의 내부에 변화를 주려고 했다. 하지만 코로나 19로 인해 온라인 수업과 온라인과 오프라인 병행 수업이 지속하여 상반기에 가장 중요하게 기획되었던 전문가와 학생들의 워크숍이 무기한 연기되었다.

학생들의 바람을 읽어내어, 그 바람이 학교에서의 삶 중에 중심이 되는 교실을 채울 수 있기를 기대한다.

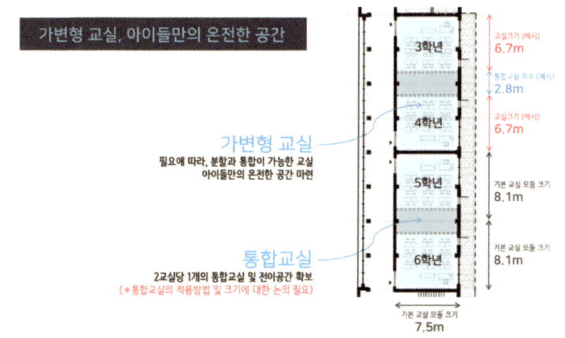

05
다락방이 있는 도서관

    도서관은 그 구조와 실의 내부에서 가장 큰 변화를 줄 수 있는 공간이었다. 많은 아이가 편안한 휴식을 찾아가는 실내의 공간이었다. 나에게는 수업에 대한 아이디어가 떠오르지 않으면 가정 먼저 찾게 되는 공간이었다. 도서관의 위치에 대한 많은 이야기가 있었다. 현재 도서관의 위치 그대로 두고, 공간을 넓히는 의견이 있었고, 학교 건축의 중심으로 두고 확장하여 가장 먼저 맞이하는 위치로 이동하자는 의견이 있었다. 여러 논의 끝에 도서관은 새로운 건물의 맨 앞부분에 위치가 되었다.

    도서관에 대한 논의는 구체적이었다. 이미 교육공동체의 동선이 겹치는 대표적인 실내 공간이었기에 도서관의 역할과 형태에 대한 고민이 충분했고, 따라서 구체적이면서도 명확하게 도서관을 논할 수 있었다.

> - 통창. 3면이 창이었으면 좋겠음. 폴딩도어.
>   지금의 도서관은 본관동의 끝에 있다. 장소가 좁고, 빛이 많이 들지 않으며 환기가 잘 안 된다. 그래서 새로운 도서관은 빛이 많이 들도록 3면이 통창이 되었으면 했고, 폴딩도어로 환기 및 개방감을 느끼도록 했다.

> - 정문과 가까운 곳에 있어, 학부모들도 드나들기 편하고, 아이들도 기다리기 편한 곳. 만남의 장소. 곡선으로 만들어진 끝부분이 도서관이었으면 좋겠음.
> 도서관은 학부모들이 아이들을 기다릴 수 있는 유일한 실내의 공간이었다. 그래서 정문에서 가까운 곳에 있어서 학부모들의 접근성을 높였으면 하였다. 또한, 아이들도 부모님을 기다리면서 시간을 보내기 좋은 장소이기에 정문에서 가장 가까운 곳에 도서관이 위치하는 것이 맞다고 이야기되었다. 한쪽 끝이 곡선으로 설계되었기에 학교에서 가장 많은 구성원이 사용하는 공간으로 손꼽혔다.
> - 여럿이 이용하는데 한쪽에서는 책을 읽고, 한쪽에서는 밖을 보고, 학부모도 이용하고 아이들도 이용할 수 있는 공간. 스탠드가 있고, 개인 책상이 있는 곳. 계단 형태로 활용 가능한 곳. 좌식, 스탠드, 장판/온돌 바닥으로 누워서 보기 등 다양한 행동이 가능한 곳.

예전의 도서관은 공부를 위한 공간이었다. 일자형 책장 가득히 빡빡하게 책이 들어차 있고, 무거워 보이는 책상에서 역시 무거운 의자에 앉아 책을 보거나 공부를 하는 공간이었다. 열람실과 자료실과 스터디룸이 함께 있는. 하지만 현재의 초등학생을 대상으로 하는 도서관은 그 모습이 사뭇 다르다. 학교도서관도 초등대상에 맞게 조금은 편안한 소파가 있으며, 바닥에 앉아서 볼 수 있도록 바닥 난방이 되는 곳이 많다. 그리고 책 서고 보다는 아이들이 책을 보거나 이야기를 나눌 수 있는 휴식의 공간이 넓어졌다. 도서관에서 수업하는 경우를 제외한다면 한꺼번에 아이들이 앉아서 같은 곳을 바라볼 필요가 없다. 그래서 공간을 넓혀 아이들이 여유로운 자기의 공간을 가지고 책을 보거나 자료를 찾을 수 있도록 했다. 또 책상에 앉아서, 소파에 앉아서, 바닥에 앉거나 누워서, 때로는 서서 볼 수 있도록 다양한 구조를 지니고, 가구를 배치할 수 있도록 하였다. 책장도 아이들의 손에 닿지 않는 높은 장이 아니라, 아이들의 손에 닿도록 낮은 책장을 이야기했다.

"어떤 가구들이 자리하고 있기보다는 단순하고 기본적이면서 어떠한 것들을 넣고 뺄 수 있는 공간"

일렬로 들어선 무거운 책장, 책상, 의자가 아닌 공간적 여유를 갖는 낮은 책장과 다양한 높이와 형태의 책상, 가벼우면서 편안한 의자와 좌식 공간을 이야기했으며, 벽이나 가구를 서랍장 삼아서 넣고 뺄 수 있는 구조를 만들고자 하였다. 또한, 사면의 코너는 각자의 기능을 가질 수 있도록 구상하였다.

"아이와 엄마가 한 공간에 있지만, 독립적이기도 한 곳. 학부모가 이용하는 공간은 정문에서 바로 보이는 곳."

학교에 크고 작은 학부모 모임을 주로 도서관에서 했다. 건축과 관련된 워크숍 역시 도서관에서 했다. 그래서 학부모가 주로 이용할 수 있는 공간을 정문과 가까운 곳으로 위치시키고, 안전을 위해 드나듦은 자유롭되 학생들의 공간과는 분리가 가능한 형태를 제시했다. 이 공간을 통해서 작은 규모의 모임은 공간의 변형을 따로 주지 않더라도 항상 가능할 수 있도록 작은 학부모 커뮤니티 공간이 될 수 있도록 하였다.

"다락방이 있는 도서관"

방과 후에 학생들이 부모님을 기다리는 곳이 주로 도서관이었다. 그래서 위치를 정문과 가장 가까운 곳으로 정했다. 여기에 더해서 아이들이 2층에서 학교 전체를 내려다보는 것을 좋아한다는 것을 1차 워크숍을 통해 알게 되었다. 이를 반영하여 1층과 2층을 연결해 2층에 다락방을 만들었다. 이 다락방은 놀이의 공간이고, 책을 읽는 공간이며, 부모님을 기다리는 공간이다. 또 학교 전체를 조망할 수 있는 전망대의 역할도 하는 곳이다. 아침에 일찍 오는 아이들이, 친구들을 기다리며 멀리 내다보는 맞이의 공간이다. 도서관의 역할을 학생에게는 단순하게 책을 읽는 공간만이 아닌, 맞이와 놀이 그리고 쉼의 공간으로 구성했다. 학부모에게는 역시 아이들과의 맞이의 공간이자 학부모끼리의 작은 커뮤니티 공간이고, 공간의 변형을 통해서 전체 학부모 모임이 가능한 공간이다.

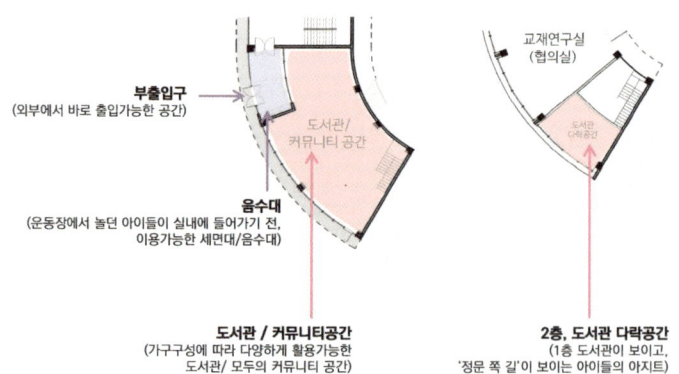

여러 아쉬움이 있지만 그래도 처음 워크숍의 의도가 가장 잘 표현된 공간이 도서관이다. 이제 가구와 배치에 대한 보다 구체적인 논의를 통해서 광주북초의 편안한 쉼터가 되었으면 좋겠다.

06
급식실이 아닌 식당을 만들자

광주북초에는 급식실이 없다. 그래서 본교였던 지산초등학교 급식실에서 공동 급식을 한다.

2000년 초기에 수원의 한 초등학교에 있을 때 교실에서 급식했다. 식당이 따로 있지 않아서 엘리베이터를 타고 배식대가 올라오면 교실에서 식사를 나누고 밥을 먹었다. 그리 나쁘지만은 않았던 기억. 물론 아주 가끔 국을 배식대에 올리다 쏟아 난리가 나기도 했었고, 자율배식을 주로 하다 보니 마지막 즈음에는 맛있는 반찬이 모자라 아이들을 향해 배려심이 없다고, 초코파이 한 개도 43명이 나누어 먹을 수 있어야 한다고, 말도 안 되는 이야기를 하면서 아이들을 혼내기도 했다. 하지만 비빔밥이 나오면 아이들의 동의를 얻어 미리 배식을 받아 가는 몇몇 아이들을 제외하고는 나물이며, 고추장이며 큰 밥통에 양껏 넣어서 한꺼번에 비벼 먹을 때의 즐거움도 있었고, 가끔 음악을 들으며, 혹은 한참 재밌었던 만화영화를 함께 보며 먹기도 했다. 수업 시간 또한 점심시간에 딱 맞추지 않아도 되어서 학급에서 조금 늦은 점심을 먹기도 하고, 이른 점심을 먹기도 했다. 한 번 정도는 삼겹살을 구워서 먹기도 했고. 또 간단하게 아이들하고 대화하며 그리 시끄럽지 않게 편안하게 점심을 먹었다.

급식실이라 부르는 식당이 있는 학교에서는 이런 여유로움이 없었다. 1시간 정도 되는 짧은 시간에 적게는 18개 반이, 많게는 40개 정도의 반이 한꺼번에 점심을 먹어야 했다. 급식실은 항상 시끄러웠고, 복잡했으며 여유는 없었다. 10분 정도 늦게 가면 아이들의 점심시간은 사라졌다.

광주북초에 와서 처음 나를 놀라게 했던 것은 급식을 받은 후 많은 아이가 교실 밖에서 밥을 먹는 것이었다. '선생님 밖에서 밥 먹어도 돼요?'라는 질문에 '그래라.'라는 답변은 3~4명의 아이를 재외하고는 대부분 아이가 밖에서 먹는 결과를 가져왔다. 교실 앞의 큰 소나무 밑 평상 위에서, 한여름 뙤약볕의 구령대 위에서, 다목적실이 있는 컨테이너 동과 본관동을 연결하는 캐노피 밑의 땅바닥에 아이들은 앉아서 밥을 먹었다. 그리 나쁘지 않은 그림. 어찌 보면 아름다운 그림. '왜?'라는 생각도 들었다.

아이들은 미세먼지와 꽃가루가 날리는 봄에도, 에어컨을 틀어도 더운 한여름에도, 비가 오는 날에도 밖에서 밥을 먹었다. 작은 벌레들이 국에 빠지면 신경질을 내면서도 밖에서 밥을 먹었다. 때때로 친구들이 밥에 흙을 뿌렸다고 신고를 하기도 했다. 신경전도 벌어졌다. 오늘은 미세먼지가 많아서 안 되고, 비가 와서 안 되고, 너무 더워서 안 돼. 나의 합리적인 식사 지도는 몇몇 아이들의 볼멘소리를 불러왔고, 때때로 무시되었다. 한 명에게 무시당하면 다른 아이들도 동요되었다. 그리고 자연스레 높아지는 나의 말투와 시크하게 썩소를 날리며 나가는 아이들. '이놈의 교실 급식. 급식실이 생기기만 해봐라.'라는 내 생각이 굳어지는 수많은 에피소드.

학교 건축을 논의하면서 급식실의 필요성이 있었고, 지나치게 큰 급식실은 부담이 되어 공동 급식을 하되, 식당만을 만들어 먹자는 의견이 있었다. 하지만 학교의 일정을 정하면서 지산초와 협의가 되지 않아, 오직 급식 때문에 학사일정을 짜는데 지산초의 일정만을 쫓아야 하는 어려움이 있었고, 지산초 영양사와의 협의가 어려워 무려 한 달 전에 이야기해도 급식 일정을 바꾸지 않는 일들이 있어 비분강개하는 사태가 벌어졌다.

그깟 급식실. 짓고 만다.

급식실에 대한 여러 논의가 시작되었다. 그리고 공동체 중 학생과 학부모들이 급식실이 커지는 것에 반대하는 이유도 알게 되었다.

'급식실이 생기면 밖에서 밥을 먹지 못하게 되는 것 아닐까?'

아니 꼭 그렇지는 않다고 했지만, 아마도 그렇게 될 것이다. 지금까지 내가 겪어왔던 학교들처럼 시간을 맞추어 급식실에 가야하고, 100여 명이 한꺼번에 있는 그곳은 틀림없이 난장판이 될 것이며, 어느 학년에선가는 점심시간이 사라질 것이다. 또 20명 정도가 사용하는 동그란 의자가 붙어있어 청소를 편리하게 해주는 큰 식탁들이 줄줄이 배치되어 있을 것이다.

아이들의 이야기를, 학부모의 이야기를 들으며 나도 모르게 고개를 끄덕였다. 점차 '급식실이 생기기만 해봐라'에서 '그러면 안 되제'로 바뀌어 갔다. 이름부터 잘못되었다는 이야기가 나왔다. 급식실이 아니고, 식당이라고. 그래. 그렇구나.

급식실

학교나 군대, 공장 따위에서, 그 구성원에게 식사를 제공하기 위하여 마련된 방.

cafeteria.

사전의 의미와 영어의 의미가 사뭇 다르다. 급식실은 만드는 공간이 주가 되고, 학교나 군대, 공장에서 사용되는 용어였다. 반면에 카페테리아는 급식실이 주는 번잡함 대신에 편안함을, 의자가 붙은 대형 식탁 대신에 원형이나 보다 작은 규모의 식탁으로 산뜻함을 주었다. 학생과 학부모의 의견에 교사의 의견이 더해져 급식실의 명칭이 식당으로 바뀌었고, 꼭 학교나 군대, 공장에서 사용할 법한, '심미적인 감각 따위는 개나 줘버려'라는 효율성만을 극대화한 식탁과 의자, 그리고 식당의 구조에 대한 여러 아이디어가 나왔다.

- 의자 일체형 식탁이 아닌 파스텔 색조의 식탁과 의자를 배치할 것. 원형으로 만들어 편안함이 들 수 있으면 더 좋음.
- 작은 운동장 쪽은 폴딩도어로 만들어 개폐할 수 있어서 공간감과 개방감을 주고, 데크를 만들어 아이들이 그곳에서 밥을 편하게 먹을 수 있도록 함.
- 데크가 있는 쪽은 처마가 있어서 아이들이 기다리기도 하고, 비가 올 때 비를 잠시 피할 수 있도록 함.

- 반대쪽은 논과 밭이 있는 편안한 배경이니 통창으로 만들어 자연을 조망하면서 우아하게 밥을 먹도록 함.
- 교실에서 생태교육이나 교육과정과 연계하여 음식을 만드는 조리 활동을 많이 하니 식당에서 조리 활동을 할 수 있도록 해야 함.
- 식당 공간의 일부분을 카페테리아 공간으로 만들어, 조리실 및 식당과 분리하고, 그곳에서 학부모들의 모임이나 다른 커뮤니티 활동이 이루어질 수 있어야 함.

식당의 구조와 배치에 많은 변화가 있었고, 다행스럽게도 상당 부분은 설계에 반영되었다. 아이들의 밖에서 점심을 먹는 것에 대한 요구가 받아들여져서 그것을 중심으로 하여 식당의 설계 방향이 논의되었다.

식당에 대해서는 2020년, 올해 10월이 기다려진다.

07
공유 공간 _까페테리아

광주북초는 학부모의 학교 참여가 적극적이라는 점이 가장 큰 특징이라고 할 수 있다. 학교 건축을 통한 학교공간의 혁신에 학부모가 적극적으로 참여하였던 것은 당연하다. 오히려 그동안 어느 국공립 학교에서도 보여주지 못했던 학부모 참여의 모습이 이번 학교 건축 워크숍과 단체 행동을 통해서 두드러지게 드러나 보였을 뿐이다.

광주북초 교육과정의 한 부분을 텃밭과 놀땅, 아침 책 읽어주기, 학교 숲과 관련한 생태 수업으로 담당하고 있었던 학부모. 그러니 학교에서 학부모들이 모임을 하는 경우가 많다. 매주, 혹은 격주 1회 이상의 모임과 회의가 이루어졌다. 하지만 학교에 이런 모임을 위한 공간은 매우 한정적이었다.

실외의 공간은 플라타너스 벤치와 등나무 벤치. 실내의 공간은 도서실과 다목적실. 그나마 도서실과 다목적실은 일과 시간에는 수업과 겹쳐서 사용하기가 어려웠다. 실외의 공간은 잠시 머무름의 공간이지 모임과 회의에 적합하지 않았다.

광주서초등학교와 극락초등학교에는 커뮤니티 공간이 별도로 마련되어있다. 학부모의 모임이 있기도 하고, 학생회가 주축이 되어 카페를 열기도 한다. 우리도 그런 공간을 생각했지만, 아쉽게도 면적과 예산의 부족으로 독립된 커뮤니티 공간을 마련하지 못했다. 그래서 대안으로 생각한 공간이 '카페테리아'다.

도서관에 학부모들의 작은 커뮤니티 공간 역할을 할 수 있게 되어 있지만 엄밀하게 말하면 그곳은 모임과 회의 장소라기보다는 아이들을 기다리는 잠시 머무름의 장소라고 할 수 있다. 그 때문에 학부모의 회의 공간을 식당과 접해있는 중앙홀에 마련하게 되었다.

카페테리아는 교실의 절반에서 삼 분의 이 크기다. 큰 테이블과 싱크대, 그리고 간단한 조리를 위한 도구들로 채워질 것이다. 10명 내외의 모임에 적합한 장소다. 중앙홀은 외부의 논밭과 작은 운동장과 접해있기 때문에 카페테리아의 역할도 가능한 곳이다. 식당에 접해있기는 하지만 독립적이다.

카페테리아는 먼저 학부모 모임의 공간으로 기획되었다. 항상 모임이 가능한 공간. 간단한 다과가 준비가 쉬운 곳.

새로운 쓰임새도 생겨났다.

- 외부 손님을 접하는 공간. 혹은 외부 손님이나 외부 강사가 대기할 수 있는 공간

  지금까지 학교에 이러한 공간이 없어서 교무실과 사랑방인 방송실 그리고 가끔은 교장실을 비워서 사용했다.

- 학생들의 작은 소모임의 공간

  학생회실을 만드는 것이 가장 좋은 방안이지만 아쉽게도 다시 한번 면적과 예산의 부족으로 학생회실을 만들지 못했다. 이러한 아쉬움

을 학교 건축물의 중앙에 있는 카페테리아로 대체 가능할 것 같다.

- 학생 카페

아이들의 숙원인 매점을 만들 수 없지만, 학생회 주관으로 일정 시간에만 문을 여는 학생을 위한 카페는 가능할 것이다. 카페에서 건강한 먹거리를 위해 작은 수제 제과점·빵집 소모임이나 레몬청 등의 수제 청을 만들고, 간단한 분식류를 만드는 작은 음식점 소모임으로 확장할 수 있다.

- 학급 단위의 조리 실습실

지금까지 우리 학교뿐만 아니라, 식당이 있는 학교에서도 음식 만들기 활동은 대부분 교실에서 했다. 급식실을 포함한 식당은 학생과 교사, 학부모 누구의 공간도 아닌 단지 점심 식사만을 위한 공간이었

다. 무슨 무슨 실이라 이름 짓고 그 역할 만을 하는 공간이 아닌, 이런 역할, 저런 역할을 할 수 있는 공간으로 접근 방식을 바꾸며 학교 건축을 추진해 왔다. 면적과 예산의 부족은 접근 방식을 바꿀 수밖에 없는 좋은 기회가 되었다. 식당도 마찬가지였다. 점심만을 먹는 공간에서, 교육 활동이 이루어질 수 있는 공간으로 변화가 필요했다. 이런 변화를 위해 식당에 한 발 걸쳐 있는 공간이 역시 카페테리아였다.

기본적으로 카페테리아에서 10여 명, 한 반 단위의 음식 만들기-조리 활동이 가능하다. 하지만 학생 수가 많은 학급이나 2반 이상의 학생이 활동할 때는 공간이 식당까지 확장될 수 있도록 하였다. 절기 음식, 김장, 농사지은 쌀로 만드는 음식 등을 함께 해볼 수 있는 공간이 카페테리아와 카페테리아를 포함한 식당이 될 것이다.

카페테리아에 대한 여러 기대가 있지만, 아쉬움도 있다. 식당과 접해있는 공간으로 본관과 신축 동의 중앙에 위치해서 학부모가 사용하기에 너무 깊숙한 공간이 아닌가에 대한 우려가 있다. 비록 밖에서지만 본관에서는 교장실, 행정실 등을 지나야 하고, 신축 동에서는 도서실, 교실들을 지나야 해서 동선이 길어지고, 많은 시선이 있다는 것이다. 또한, 독립된 커뮤니티 실이 아니어서 그 한계가 있을 것으로 예상이 된다. 하지만 학부모의 모임을 위한 공간, 학생회의 모임을 위한 공간, 학생들의 쉼을 위한 공간이자 식당을 교육을 위한 공간으로 확장이 가능한 카페테리아는 가장 재미있고, 다양한 역할을 하는 공간이 될 것으로 기대된다. 카페테리아 파이팅.

08
교사의 새로운 공간

북초에는 재미있는 공간이 있다. 바로 방송실인데 방송실은 방송기기는 배경일 뿐 그 안에서는 아주 다양한 일들이 일어난다. 아
침에 선생님들이 모여 잠깐 회의하는 장소도 되었다가 배식을 받아 식사하는 공간도 되었다가 학생들과 잠깐 상담하는 공간이 되기도 하는 이곳은 이름만 방송실일 뿐 교재연구실이 없는 북초에서는 이곳이 교직원들의 아지트이다. 선생님들 워크숍에서 교실에 대한 이야기를 하다 보니 다른 학교와 달리 학교에 교사 개인만의 사적인 영역이 하나도 없다는 사실을 알게 되었다. 평소 학부모나 외부 강사의 출입이 잦아 교실 안의 상황이 훤히 보이는 데다가 수업 시간 문제가 생겨 학생들을 개인적으로 상담이라도 하려고 하면 어디라도 들어가야 하는데 그런 공간이 없었다. 그리고 오후 시간에는 방과후학교가 교실을 함께 쓰다 보니 교사들이 조용히 수업 연구를 하거나 쉬거나 담소를 나눌 수 있는 공간이 절대적으로 부족했다.

학교에 대해 이야기를 하다 보면 대부분 교사의 공간보다는 학생들의 공간을 우선으로 이야기하게 된다. 각 반마다 있는 자료를 한 곳으로 모아 효율적으로 이용할 수 있는 공간, 교사들이 자신의 일을 하기 위해 몰입하기 위한 공간, 교사들이 모여 충분히 이야기를 나누고 수업을 준비하는 공간. 잠시 휴식할 수 있는 공간도 중요하다. 최신의 교육 자료와 도서를 필요하면 언제든지 꺼내서 살펴볼 수 있고 영감을 얻을 수 있는 공간, 지금까지 해온 교사의 기록들이 보관되고 전시되어 북초만의 정체성을 담을 수 있는 공간이 된다면 어떨까?

그와는 별도로 교직원끼리 잠시 차를 마시거나 학부모와 상담할 수 있는 곳. 사람들이 모여서 부담 없이 이야기할 수 있는 곳. 지역 사람들이 담소를 나누거나 자연스럽게 모여드는 큰 거실 같은 공간 역시 학교 군데군데 있으면 좋겠다.

학교 곳곳에 이러한 공간들이 있어 스스럼없이 배움을 위한 문화, 서로 나누고 이야기하는 문화가 자리 잡으면 좋겠다. 그러면 아이들도 그 안에서 굳이 가르치지 않아도 자연스럽게 배우는 것이 아닐까?

09
또 다른 구성원, 나무

"헉"

너무나 기가 막히면 말문이 막힌다는 것이 이런 걸까?
처음 조경에 대한 설계도면을 받았을 때의 느낌이었다.

> - **대상 수목**: 157그루 - **폐기**: 103그루
> - **이식**: 46그루 - **존치**: 8그루

　새로운 건물이 들어설 공간과 그 주변의 나무들은 거의 다 없애버리자는 말인가? 걸리적거리는 기존의 나무들은 싹 쓸어버리고 새로운 화단을 조성하겠다는 말인가? 나무를 이식한다 해도 생존할 확률은 극히 낮다던데……

　우리가 처음 증개축을 시작할 때부터 한결같이 요구해 온 것 중의 하나가 북초의 나무를 지켜달라는 것이었다. 그런데 우리의 이러한 간절함이 경제적 가치와 작업의 효율성이라는 기계적이고 단순한 원리에 의해 무시당하는 것 같아 마음이 아팠다. 우리에게 있어서 나무란, 얄팍한 경제적인 논리를 갖다 대기에는 너무나도 소중한 의미를 가진 존재이다. 처음 북초의 증개축이 언급되는 과정에서 빠지지 않고 나왔던 말 중 하나가 북초의 나무 이야기들이었다. 학부모들은 북

초의 증개축으로 인해 북초의 자연적 환경이 훼손되고 변질되는 것을 경계하고 두려워 했던 것이다.

북초 구성원들에게 나무는 어떤 의미일까? 우리가 흔히 아는 그늘을 만들어 주고 바람이 시원하고 좋은 풍경을 만들어 주는 그런 존재? 우리에게 산소를 공급해 주는 그런 고마운 존재? 이렇게 단순한 기능적인 것들로 설명하기에는 부족했다.

북초에 있어서 나무는 '북초의 또 다른 구성원'이다.

흔히 학교에서 교육의 주체를 학생, 교사, 학부모 이렇게 세 주체로 구분한다. 하지만 북초에서는 여기에 나무라는 구성원이 추가되어 네 개의 구성원이 어우러져 교육이 이루어지는 공간이라고 볼 수 있다. 다른 학교 아이들은 입학하자마자 왼쪽 보행, 복도에서 뛰지 않기 등을 배운다면, 북초의 아이들은 낮게 흐드러져 모험심을 자극하는 배

롱나무를 오르는 법부터 배운다. 아이들이 배롱나무에 오르는 것을 보고 나무를 괴롭힌다고 눈살을 찌푸릴 사람들도 있겠지만 수십 년간 북초의 배롱나무꽃은 아이들이었고 배롱나무도 수십 년간 아이들의 놀이터로 적응되어 최적화된 모습을 가지고 있다. 배롱나무가 힘들었으면 진즉에 시들시들해졌겠지만 내가 본

10여 년 동안의 배롱나무는 해마다 흐드러지게 꽃을 피워내는 노련함을 보여 존경심마저 자아내게 만든다. 우리가 말한 "풀 한 포기, 나무 한 그루라도 건들지 말라"는 말은 우리의 또 다른 구성원인 나무가 보내는 메시지에 귀를 기울여 달라는 것이다.

북초에 있어서 나무는 '연결'이다.

연결이라는 단어는 외부의 사람들이 보았을 때는 생소하고 이해되지 않은 말이겠지만 북초의 구성원들은 부지 부식 간에 그 의미를 알고 있다.

아이를 처음 학교에 보내는 부모들에게 "왜 북초에 아이를 보내셨어요?"하고 물으면 열이면 열, 모든 학부모들이 공통적으로 내놓은 말 중에 나무 이야기는 꼭 빠지지 않는다. 나 또한 다르지 않았다.

북초에는 어른 두 명 정도가 손잡고 안아야 품어지는 커다란 왕버들 나무가 있다. 이 왕버들 나무 아래는 언제나 학부모와 아이들로 북적거린다. 학부모들은 학교에 들어서면 자연스레 왕버들 나무 아래로 발길을 옮기며 그 아래에서 만나 서로 이야기를 나눈다. 처음 보는 학부모도, 잘 알지 못해 서먹한 학부모들도 왕버들 나무의 품 안에만 들어오면 자연스러워지고 편안해진다. 아이가 졸업해서 까마득해진 어느 날, 학교를 방문해도 왕버들 품 안에 들어서면 한순간 과거와 현재의 시간적 거리감은 없어지고 학교에 대한 기분 좋은 느낌만이 남아 있는 –어느 cm송의 한 구절처럼 '말하지 않아도 알아요'라는– 그런

마법 같은 일이 종종 일어난다.

교실 건물 앞에는 커다란 향나무가 몇 그루 있다. 아주 오랜 시간 학교를 지켜온 구성원인지라 줄기며 가지며 아주 굵고 튼튼하다. 이러한 향나무를 아이들이 그냥 놔둘 수는 없었겠지……. 아이들은 이 나무에 올라 운동장 저편 숲에서 오는 친구들을 마냥 기다린다. 기다리던 친구가 운동장 저편 숲길에 아스라이 나타나면 다람쥐처럼 내려와 친구를 맞이하러 뛰어간다. 이 향나무는 덩그러니 서 있는 그냥 나무가 아니라 아이들이 친구다운 친구가 되는 데 도움을 주는 우리 아이들의 또 다른 친구이다.

교문을 들어서면 양 갈래 길로 소나무 숲이 늘어져 있다. 우리는 이 길을 당연히 '아, 소나무 길이구나, 좋다'라고 지나칠 뿐 그 이상의 생각은 하지 않았던 것 같다.

어느 날, 학교의 증개축 소식을 듣고 머리가 허옇게 세신 할아버지가 학교에 찾아오셨다. 이런저런 이야기를 하시다가 -장소는 물론 왕버들 나무 아래다- 학교 숲길에 길게 늘어선 소나무들을 가리키시면서 자신이 국민학교 입학해서 고사리 같은 손으로 심었던 나무라고, 지켜달라고 신신당부를 하셨다. 나무들은 처음부터 거기에 있었기에 시작의 스토리를 몰랐던 우리는 당연히 그 고마움의 대상은 나무들뿐이었다. 하지만 까마득한 선배의 이야기는 우리들에게 나무는 지금의 우리 아이들 것만이 아니었듯 미래의 아이들과도 나눠야 할 것이라는 깨달음과 고마움의 대상을 넓혀주는 그런 시간이었다. 이렇듯 나무는 학부모와 학부모, 아이와 아이, 졸업생과 재학생이 관계를 맺고 서로 연결되는 데 지대한 공을 세우는 북초의 구성원이다.

북초에서 나무는 '살아남기'이다

북초에는 다른 학교에서 흔히 볼 수 있는 철장이나 담으로 된 울타리가 없다. 마을과 연결된 지점에는 빽빽한 대나무 숲이 울타리 역할을 하고 있다. 봄이면 대나무밭 주변에는 죽순이 그야말로 우후죽순 돋아난다. 누가 알려주지도 않았건만 입에서 입으로 전해져서인지 아이들은 이맘때면 어김없이 죽순을 꺾어 집으로 가져간다. 학교 숲에 있는 어린 쑥도 뜯어 가고, 살구도 따가고 심지어는 땅에 떨어진 모과도 가져간다. 때로는 대나무나 나뭇가지를 주워와 자신들의 아지트를 꾸미고 비 오는 날에 거기서 비를 피하기도하고 아이들과 소꿉놀이를 하기도 한다 – 집을 지어서 소꿉놀이를 하다니... 스케일 좀 보소!-

아이들은 누가 알려주지 않아도 나름대로 북초의 나무들을 통해서 먹고, 자고, 노는 것들.. 살아가는 방법들을 배워 나가는 것이다.

이렇듯 우리에게는 말로 헤아릴 수 없는 가치를 가진 나무를 거의 다 폐기한다고 하니.. 도면을 보는 순간 말이 막힐 수밖에……. 가만히 있다가는 너무나도 소중한 나무들이 소각장의 볼품없는 불쏘시개로 날아갈 것이 뻔했다. 당장 무엇이든 해야 할 것 같아 제일 먼저 조경도면을 보면서 100그루가 넘는 나무들을 한 그루 한 그루 짚어 보았다(정확히는 도면상에 나와 있는 157그루임). 한 그루 한 그루 짚어 보면서 이 나무에서는 아이들이 이랬지, 저 나무에서는 학부모들이 이랬는데 하며 떠올렸다. 해마다 싹둑싹둑 가지치기를 당해 볼품없었던 박태기나무들이 학부모들의 꾸준한 이의 제기로 (이 학교는 나뭇가지 치는 것도 학부모들이 뭐라 한다고 하지 말고 그만큼 애정이 있다고 보시길) 이제야 좀 진가를 발휘해 예뻐질려고 하는데…….

추억에 잠기는 것은 행복하고 즐거웠으나, 방심은 금물이다. 대부분의 나무들이 공사를 좀 더 편하게 하려고, 화단을 새로 조성하기 위해, 주차장을 반듯하게 만들기 위해 등 이러한 이유로 폐기가 됨을 알았다. 우리는 즉시 조경과 토목 관련자와의 면담을 신청했고 이분들과 머리를 맞대고 나무를 살리는 방안에 대해서 이야기를 나누기 시작했다.

공사진입로 방향을 약간 수정해서 이 나무들은 살려 주시고요,

화단은 지금의 화단으로도 충분하니 손대지 마시고요,

주차장도 약간 비뚤어지면 어떻습니까? 차를 비뚤게 주차할 테니 이 화단은 밀지 마시고요…….

이러한 우리의 요구 사항에 담당자도 처음에는 무척이나 당황했으나 우리의 진지함의 깊이를 알고는 대부분 나무를 살려내는 방안에 동의했다.

많은 나무를 살려냈지만 살려내지 못한 나무들에 대한 아쉬움도 크다. 볼썽사납게 가지치기를 해도 언제 그랬냐는 듯 예쁜 어린잎을 보여주며 아이들의 놀이터가 되어 주었던 플라타너스 나무들, 너무 커서 아이들이 전체적인 모습을 제대로 본 것도 없지만 가을이면 수북이 열매를 떨어뜨려 제 존재를 드러냈던 우리 학교의 공기 청정기 편

백나무, 잔디마당에서 뛰노는 아이들에게 시원한 그늘을 만들어 주었던 느티나무들까지. 아, 다시 또 생각하려니 가슴 한편이 아려온다. 지켜내지 못한 친구들, 미안해.

| 에피소드 7 |

벽돌 대첩

한 걸음 물러서고, 또 한 걸음 물러서고. 물러섬에 머뭇거리지 말자. 안되는 거다.

다만 그 끝에 다다랐을 땐. 타협하지 말고 뛰쳐나가자.
벼랑 끝에서 떨어지기보단, 부딪쳐서 깨지자.
덜 아프다.
보기라도 좋다.

by rock

벽돌 대첩은 생각지도 못한 일이었다. 정말로.

광주북초의 2차 워크숍 이후 신축 동의 외장 디자인은 모두 하얀색이었다. 설계자가 처음 설계제안공모안을 설명했을 때 부터, 마무리 지어서 납품할 때까지. 모조리….

2020년 5월 21일. 본관 리모델링 설계 협의를 중심으로 신축 동의 외장재 선정 및 현장 설명회가 열렸다. 주된 관심사는 리모델링. 교육청의 전임자가 예산을 빵빵하게 잡아주겠다, 교육공동체설계를 통해 진행하겠다. 라는 공수표를 날리고 진즉에 소리소문없이 다른 곳으로 인사이동하고, 지금의 담당자는 처음 듣는 소리다. 라며 3분의 2토막으로 예산을 잡고 리모델링 설계 발주를 했다. 득달같이 달려들었지만 딱 한 마디. 리모델링은 사용자 참여 설계대상이 아닙니다. 처음부터 다시 시작.

예산도 없이 하반기에 추경하겠다고 했다. 그것도 코로나 19로 인해 교육청 예산 부족으로 날아갔다. 21년 본예산에 넣겠다고 했다. 단 설계 발주 예산안에서.

물러섰다. 예산에 맞춰갔다. 이리 맞춰보고, 저리 맞춰보고. 머리를 쥐어뜯으며 예산에 맞춰갔다. 운동장 및 본관동 토목공사 최소화. 주차장의 면적 및 주차면 최소화. 최소화하다 보니 살아남는 나무들이 늘어났다. 이번 설명회의 주요 내용은 리모델링이었다. 예상대로라면….

그. 런. 데.

외장재라며 시뻘건 벽돌을 들고 왔다. 쌍팔년도 그 벽돌. (쌍팔년도가 1955년을 뜻한다는 것을 최근에 알았다. 단기 4288년이라 쌍팔년도란다) 벽돌 단가가 330원이라 했다. 무려 세 가지의 벽돌 중에 하나를 선정할 수 있다고 했다. 다 비슷한 구리구리한 벽돌들. 우리는 물었다. 왜 외장재에 흰색이 없냐고. 감독관(?)의 대답은 나름 당연하게도 싸다 했다. 흰색 벽돌이 유지 보수에 어려움이 있다 했다. 예산안에 맞추기가 어렵다 했다. 장당 600원 이상이라 했다. 또 학교 건물로 흰색 외장재는 전례가 없는 듯했다. 그리고 던지는 한마디. 흰색으로 하면 무덤 같단다.

폭발. 여기가 인도냐? 타지마할이냐? 거긴 무려 대리석이다. 수십 년 동안 공사한. 공사비 때문에 아들이 반란을 일으켜 왕을 뺏길 정도 돈이 많이든. 내가 두 번이나 가본 곳을 비교하다니. 비슷하기라도 하면 화도 덜 날 텐데. 무덤이라니. 저번 2층에 베란다(?)가 있으면 애들이 떨어져 죽는다는 발언에 이어서 두 번째 망언이다. 두 번째만 될까. 암튼 기억나는 큰 망언은 두 번째다. 감독관(?)은 이미 설계사무소와 합의가 된 내용이라 한다.

담당자 나와서 확실하게 이야기하자.

드디어 담당자 등장. 왜냐고, 왜 저리 입찰하고, 낙찰했냐고 따져 물었다.

"여러분이 설계하면서 정한 것이에요. 저는 벽돌 가격 몰라요. 내용대로 그냥 입찰프로그램에 올린 것뿐이에요. 여러분이 그렇게 정한 거예요"

지금 글을 쓰면서 음성까지 지원된다. 정말 그렇다. 부들부들.

무슨 말도 안 되는 소리냐며 다시 물었다. 왜 우리에게 이야기하지 않았느냐고. 외장재 입찰공고를 할 때 330원은 이런 색의 벽돌밖에 할 수 없다는 것을 왜 입찰전에 이야기하지 않았냐고 다시 물었다. 똑같은 대답. '당신들이 선택했다. 나는 벽돌 가격 모른다. 최종 납품을 프로그램에 넣었을 뿐이다.' 치졸했다. 지금까지 전문가라고 우리를 무시하며 관행대로 하는 것을 전문가의 일 처리 인양 뻐기던 그들의 입에서 나온 소리라고 하기에는 너무 치사했다.

무덤 같다는 게 말이 되느냐고 따져 물었다.

"제가 여러분께 지금 이 자리에서 그렇게 이야기했습니까? 안 했잖아요"

전체 회의는 파행이다. 이 난리에 리모델링 설계사무소는 이야기를 꺼내 보지도 못했다. 안절부절하고 있었다. 겨우 수습하고 모두 얼빠진 채로 겨우 이렇게 저렇게 리모델링 구조를 결정해본다. 그래 설계사무소랑 우리랑 결정하면 끝나는 거였지. 담당자 당신은 아무것도 모르지. 벽돌 단가도 모르고. 우리가 알아서 한 거라고 했지. 정말 알아서 해볼게.

물러서다, 물러서다 너무 물러섰다. 벼랑 끝이다.

정말 화가 났다. 다음날 행정실에 가서 나라장터 사용법을 물어봤다. 그리고 교실에서 열심히 찾아봤다. 나라장터에서 외장재로 쓰이는 흰색 벽돌. 한 장에 600원이라 절대로 쓸 수 없다는 그 벽돌이 장당 380원에 올라와 있었다. 뭐 가격 비교도 필요 없었다. 딱 한 가지만 올라와 있었다.

정말 화가 났다.

나라장터 캡처하고, 감독관과 담당자의 말 정리하고, 국민신문고 첫 페이지 캡처해서 행정실과 교장실에 보냈다. 내일까지 외장재 다시 제시하고, 담당자 사과하지 않으면 국민신문고에 민원, 부패 공익, 소극 행정, 갑질(교육청 담당자와 감독관과 건축사사무소가 싸웠다. 갑이 을을 대상으로 싸우면 갑질이 맞겠지)로 신고한다 했다.

그랬다. 물러서는 건 할 수 있다. 안되는 거니까. 하지만 끝에 다다르면 앞뒤 재지 않고 달려들어야 한다. 떨어지는 것보다는 덜 아프니까. 보기라도 좋으니까. 화라도 풀리니까.

이 순간 이 구역의 미친놈은 나였다.

교육청에서 바로 학교로 연락이 왔다. 벽돌 입찰한 업체에 흰색 벽돌 단가를 400원 정도에 맞춰줄 수 있겠냐고 공문을 보냈다고. 그 정도 가격에 맞춰주면 다시 계약하겠노라고. 회신이 오면 오후쯤에 연락을 주겠다고.

다음날 또 3장의 벽돌을 가지고 왔다. (아직도 내 교실에 그 벽돌들이 있다) 입찰 업체에서는 도저히 400원에 맞출 수 없다고 했다. 원건축도 화이트 톤의 외장이 관리의 어려움 등으로 변경을 해도 좋을 것 같다고 했다. 그래서 결국 그레이 색상이라는데, 브라운 톤의 벽돌로 외장을 결정했다.

그렇게 했다.

결국, 또 물러섰다.

다른 사람들이 우리에게 태클 거는 것에는 익숙했지만, 막상 다른 사람의 경력에 오점을 남기기에는 마뜩잖아서 그 정도로 합의했다.

사과도 없었다.

그러려니 했다. 그러려니.

벽돌 대첩은 20.5.21. 다목적실에서 있었던 비극이었다.

교육청의 시스템을 어느 정도 알았다고 생각했던 우리들의 뒤통수를 대차게 후려친 날이었다. 너네들이 어찌하겠냐고. 입찰공고 올리고, 입찰해 버리면 바꿀 수 없는데 어찌하겠냐고. 색상에 관한 이야기는 필요 없고, 가격으로만 입찰공고를 해버리는 데 어찌할 것이냐고.

정말 굳건했다.

그들의 일하는 방식은.

생각하는 사고는.

관행에 대한 절대적인 믿음은.

마지막의 마지막까지 그들은 그랬다.

어느 순간 나는 그들에게서 흰색 벽돌 추동자가 되었다. 흰색을 무지무지 좋아하는.

나, 흰색 옷 없다. 부담스러워서 안 산다. 워낙 먹다가 여기저기 잘 흘려서.

우리가 너무도 당연하게 흰색 외장재라고 생각했던 것은 처음에 이야기했다.

광주북초의 2차 워크숍 이후 신축 동의 외장 디자인은 모두 하얀색이었다. 설계자가 처음 설계제안공모안을 설명했을 때 부터, 마무리 지어서 납품할 때까지. 모조리….

아니 마무리 지어서 납품하기 바로 전까지. 모조리….

| 마치며 _여전히 학교만 남는다 |

그때 우리는 _김수연

흩어져 있던 기억을 마당의 낙엽 쓸듯이 모아본다. 별로 떠올리고 싶지 않은 기억도 아프고 분노했던 기억도 딸려 나온다. 다 기억하지 못하는 건 수없이 많은 기록 중에 찾아본다. 학교건축소위원회의 첫 회의록을 보았다. 뭘 할수 있는지도 모르면서 거창하게 학교건축소위원들을 위촉하고 방향성을 잡아가던 기록들.

2017년 6월부터 8월까지 3개월간 기록. 공식적인 기록만 7차례의 회의.

두 달 동안 7차례 회의가 뭐 별거냐 하겠지만 5명에서 15명까지 모였던 회의는 모두 다른 생업을 가진 직장인이자 아직 부모 손길이 필요한 어린아이를 둔 부모들이 저마다 일과를 마치고 밤마다 모여 2~3시간씩 회의를 했다. 하지만 이건 신호탄에 불과했다. 이후로 장장 4년이란 시간에 걸쳐 시간만 나면 회의라는 이름의 토론, 투쟁, 선전, 선동, 위로가 시작되었다. 회의록을 다시 읽으며 그때 기억이 새록새록 났다. 지금에야 부끄럽기도 하고 웃음도 나는 그 당시의 무모함, 열정⋯⋯. 그래도 초심을 잃지 않고 새로 지어지는 건물에 담고자 했던 학교 철학이 지금의 건축에 고스란히 묻어있다는 것이 놀라웠다. 실은 그때 가졌던 초심이 무엇인지 지금은 다 잊고 있었다.

학교건축을 시작하게 된 2017년은 학교의 모든 구성원들이 힘들어하던 매우 어수선하던 시기였다. 그리고 4년 동안 학교건축을 놓지 않고 할 수 있게 해준 원동력이 돼 준 해이기도 하다. 학교의 어수선한 상황을 거치며 '나 하나쯤이' 아닌 '나 하나라도'라는 마음이 생겼달 까. 아무것도 아닌 나라는 사람이 한발 앞으로 나간다면 아무것도 아니었던 다른 사람도 한발 내밀지 않을까 하는 마음.

어디선가 들었던 "한 사람의 열 걸음보다 열 사람의 한걸음이 중요하다"라는 말은 4년이 지난 후 돌아보니 남들에게도 통한 거 같다. 지금 내 주위엔 이 일을 같이하는 많은 사람들이 있다. 우리에게 도움이 될 만한 사람, 도움 될 기관을 찾아 하이에나처럼 돌아다니던 시절, 아니 좀비에 더 가까웠겠다. 어디서라도 관심을 보이면 물고 놓지 않았다, 그 시절의 우리는. 그만큼 절박했고 간절했다.

나는 반려 고양이를 2마리 키운다. 고양이를 잘 키우기 위해 책을 읽고 웹서핑을 통해 자료를 찾아보고 고양이가 좋아하는 환경을 만들어 준다던가 내 반려묘에게 맞는 사료나 영양제를 구입한다. 예를 들면 "밥그릇과 물그릇, 화장실은 멀리 떨어져 있는 게 좋다"라는 전문가의 조언을 실천하는 것이다. 숨어있는 것을 좋아하는 고양이를 위해 숨숨집이라는 동굴 형태의 집을 사주기도 하고 높은 곳을 좋아하는 고양이에게 캣타워를 마련해주기도 한다.

이렇듯 반려동물에게도 특징에 맞는 환경을 제공해주려 애쓰는데 하물며 우리의 미래인 아이들에게 19세기부터 써오던 딱딱하고 차갑고 네모난 콘크리트 건물을 또 물려주고 싶진 않았다. 내 맘 같아선 동굴도 만들고 미끄럼틀도 교실마다 설치하고 싶었지만, 놀이공원 같은 학교를 원하는 아이들과 나 같은 어른이들의 소원은 평생 이루어지지 않을 것 같다, 안타깝게도.

새로 짓는 학교 건물의 형태는 많이 바꾸지 못했지만 광주북초 교육공동체의 수없이 많은 합의로 지어지는 건물인 만큼 우리는 최선을 다했다고 생각한다. 교실의 바닥에도, 도서관의 다락에도, 건물의 벽돌에도 내가 했던 상상이, 우리가 했던 워크숍이 묻어있을 것이다.

우리가 즐겁게 상상하고 치열하게 합의했던 그 학교 건물에 미래의 학부모와 학생과 교사는 어떻게, 무엇으로 채워나갈지 무척이나 궁금해진다.

여전히 학교만 남는다 _최현진

'싫다.'

2015년 작은 분교였던 북초가 본교로 승격되고 재배치가 결정되었다는 소식을 들었을 때 내 맘속에서 나도 모르게 튀어나온 중얼거림이었다.

놀래서 얼른 주위를 둘러보니 나와 같은 표정들의 학부모들이 대부분...

이 감정을 설명하려면 내 아이를 북초에 보내게 된 이유와 나에게 북초가 가지는 의미를 이야기해야 할 것 같다

아이가 커가면서 입학할 학교에 자연스럽게 관심을 가지게 되었고 이에 대한 정보에 귀를 쫑긋 세우고 있을 때, 한 지인이 우리 아이가 노는 것을 보더니 "이 애는 북초에 가면 딱 좋겠네"라는 말씀을 하셨다. 처음 들어보는 학교인지라 그때는 그냥 귀도장만 찍었는데 어느새 북초에 대한 이야기가 하나둘씩 들려오기 시작했고 이것은 나에게 북초가 어떤 학교인가에 대한 궁금증을 키워내기 시작했다.

어느 고즈넉한 토요일 오후, 백문은 불여일견이라는 생각으로 아이를 데리고 북초를 찾아갔다. 내 아이가 5살 때 일이다. 처음 북초에 들어섰을 때의 느낌을 잊을 수가 없다. 삐거덕거리는 낡은 교문을 조심히 열고 들어서니 울창한 소나무 숲이 좁은 길 양 갈래로 나뉘어 있었고, 그 길을 따라 걸으니 향긋한 소나무 향기와 이름 모를 새들의 지저귐은 우리를 환영하는 듯한 착각마저 들게 하였다. 우거진 소나무 사이로 보일락 말락 하는 아담한 학교 건물은 우리를 감칠맛 나게 하였고 나도 모르는 사이 발걸음은 나를 소나무 숲이 끝나는 입구에 옮겨 놓았다.

"우와"

나도 모르게 새어 나온 탄성은 북초를 처음 만나는 나의 첫인사였다.

그렇다, 난 내 평생 단 한 번도 경험해 보지 못했던 (지금의 나의 반쪽에게 미안한 일이지만) '첫눈에 반한다'라는 상황에 빠져 버린 것이었다.

모든 것이 좋았다.

시선을 옮길 때마다 나의 눈길을 기다렸다는 듯이 반겨주는 나무들도,

아담하다 못해 앞에 있는 커다란 나무에 묻혀 존재감이 희미했던 단층의 낡은 건물도, 주변에 앙증맞은 풀꽃들이 옹기종기 피어있는 정리되지 않은 넓은 운동장도, 유치한 빨간 페인트가 군데군데 벗겨진 정글짐도, 하물며 유치원 아이의 치아처럼 너덜너덜 대나무가 빠진 평상마저도.....

그때부터 나는 지쳐서 쉬고 싶은 공간이 필요할 때, 도심의 시끄러움에서 벗어나고 싶을 때, 아이와 함께 북초에 놀러 왔다. 아이들이 숲으로 운동장으로 뛰어다니며 놀 때면, 나는 내 아이의 치아같이 생긴 삐거덕거리는 평상에 앉아 있는 것을 좋아했다. 고개를 조금만 들어도 나의 눈동자에는 온통 하늘과 구름이 가득 차고, 귓가에 스쳐 가는 나무의 흔들림만이 있어 결국 정신이 아득해져 간간이 들려오는 새소리와 아이들의 웃음소리마저 분간하지 못할 지경에 이르게 되었다. 이 순간순간이 너무나 소중했고, 감사했다.

그래, 인정한다, 나는 사랑에 빠졌다.

아이를 북초에 보낸다고 했을 때, 북초를 아는 많은 사람들이 괜찮겠냐고 물었다. 북초가 분교여서 본교에 끌려다녀야 하는 것, 화장실이 밖에 있는 것, 급식차가 와서 배식하고 교실에서 밥을 먹는 것, 교실이 마룻바닥이라 발에 가시가 자주 박히는 것, 아이들 수가 적어서 친구 관계가 넓지 않다는 것 등등 다 안다. 다 알지만 이런 모든 것을 껴안고 갈 수 있을 정도로 북초는 그렇게 매력적인 학교였다.

아이가 북초에 다니면서 나는 북초의 또 다른 매력을 보았다. 바로 아이들과 그들의 부모들이었다. 작은 학교인 만큼 아이들과 학부모들은 금세 한눈에 들어왔다. 아이들은 순수했고, 학부모들은 다른 학교에서 볼 수 없는 공동체적 유대감을 가지고 있었다.

한 번은 119구조대가 학교에 온 적이 있었다. 아이들이 신고한 것이다. 높다란 나무의 새집에서 아기 새 두 마리가 떨어졌는데 새집에 올려 달라는 것이었다. 북초에 다니는 알만한 학부모들은 다 안다. 이것은 엄마 새가 약한 아기 새를 일부러 떨어뜨린 자연의 생존 법칙이라는 것을... 구조대 아저씨들도 이를 알고 계셨지만 순수한 아이들을 실망시키고 싶지 않아서 어렵게 아기 새들을 새집에 넣어 주셨다. 아이들은 환호하며 기뻐했다. 하지만 기뻐하는 아이들과는 다르게 또 아기 새는 떨어뜨려 질 것이기에 걱정이 생긴 한 학부모는 아침 일찍 모종삽을 들고 학교에 갔다. 역시나 어제의 그 자리에 아기 새들은 떨어져 있었고 이미 식어버린 아기 새들을 양지바른 곳에 묻어 주고 왔다. 그런데 더 감동을 주는 것은 이 학부모는 119를 불렀던 아이들과는 전혀 관련이 없는 학부모였다는 것이다. 자신의 아이는 아기 새 이야기를 친구를 통해서 듣기만 한 것이었다. 이렇듯 내 아이가 상처받는 일도 아닌데 나서서 다른 아이들의 마음을 보듬어 주려는 분위기는 무엇이었을까? 북초 학부모에게 아이는 내 아이가 아닌 우리 아이라는 개념이 강한 것이 또 다른 매력이었다.

학교의 모든 아이들이 내 아이를 알고 이름을 불러 주었고, 그건 다른 학부모들도 마찬가지였다. 간혹 학부모들은 아이들의 간식을 챙겨 와서 운동장에서 놀고 있는 아이들을 다 불러서 먹이곤 했다. 어느 학원이 좋네, 무슨 공부를 해야 하네 하는 이야기보다 이 학교는 살구나무가 있는데 살구 맛이 좋다, 봄이면 대나무 숲에 죽순이 나오는데 캐러 가자, 애들이 배롱나무에 올라가도 뭐라 하지 말아라, 여기서는 다 그렇게 논다 등등 이런 말들은 내 마음이 너울거려 심란할 때 위안이 되고 격려가 되는 안식처가 되었다.

이러한 북초의 매력에 점점 더 빠져드는 시간을 시기하듯 전해온 본교승격과 재배치 소식….. 낡고 못생겨도, 삐그덕 거리고 불편해도 나를 첫눈에 반하게 한 학교인데 전신성형을 한다니 충격이 아닐 수 없었다. 북초만의 교육 색을 가지고, 본교에 끌려다니지 않는 더 편하고 좋은 시설에서의 교육… 그런 거 다 아는데도 싫다는 감정이 먼저였다.

증개축 활동을 하면서 과거의 우리가 미래 구성원들의 발목을 잡는 건 아닐까? 하는 걱정은 항상 있었다. 지금의 학생들이, 지금의 학부모가, 지금의 선생님들이 다 떠난 북초에서 지금의 우리가 가진 절실함이 미래의 그들에게 여전히 소중할까? 이 모든 것들이 구시대의 유물처럼 구닥다리로 치부되어 외면받지 않을까? '지금 전국에 이런 학교는 없어요' 하며 신기해하던 것들도 그 먼 시간 후에는 너무나도 식상하고 평범한 모습으로 아무런 감흥을 일으키지 않게 되는 걸까?

그럴 것이다. 앞으로 학교건축이 우리 아이들에게 좀 더 좋은 방향으로 나아간다면 지금까지 우리가 저지른 혁명과도 같았던 일련의 활동들이 평범하고 당연한 것들이 될 것이다. 시간이 지나면 새로운 것들도 낡아지듯이 지금의 꽃단장한 북초도 낡아져 그저 그런 평범한 학교의 모습을 같게 될 것이다. 이 지점에 많은 고민을 쏟아부었다. 미래의 평범해진 북초에 아이들이 끊이지 않고 오게 할 수 있는 것은 무엇일까? 새로움도 잠시뿐 학부모들은 북초의 무엇을 보고 아이들을 보내려고 할까? 고심 끝에 얻은 결론은 교육과정이었다. 정확히 말하자면 북초의 교육 비전인 생태, 인권, 연결이 녹아져 있는 교육과정인 것이다. 처음 증개축을 시작할 때 우리는 어떤 학교를 짓고 싶냐는 질문에 북초의 교육 비전인 생태, 인권, 연결을 제시했다. 이는 학생, 학부모, 교사 워크숍을 통해서 거듭 확인받았으며 학교건축의 방향이 흔들릴 때마다 이를 되새기며 초심을 잃지 않게 해준 등대 같은 존재였다. 선생님들의 환영 속에 이런 것들이 녹아 있는 교육과정이 지금 발동을 걸려고 하고 있다. 처음부터 쉽지 않아 중간마다 힘들어서 주저앉고 싶은 유혹도 느낄 테지만 우리는 이러한 교육과정의 마련을 북초 건축의 완성으로 본다.

이제 학교건축이 끝나면 지금의 우리는 하나둘씩 사라지고 학교만이 남는다. 언제고 그 자리에서 남아 우리를 반겨줄 학교를 위해서 고향을 지키는 마음으로 우리는 학교가 외롭지 않게 만들어 줄 것이다.

좋은 건축의 중심에는 그곳에서 삶을 사는 사람들이 있다. _방소형

작은 학교에 대한 관심이 있었고 아이가 학교라는 안전한 울타리에서 학교에 다니게 하고 싶었다. 부모, 선생님, 친구, 형, 누나 모든 구성원이 함께 키우는 그런 곳에서 우리 부부가 할 수 없는 영역까지 사랑을 듬뿍 받으며 크길 바랐다. 그렇게 광주북초를 알게 되었고 아이는 학교에 들어갔다. 그해 말 아이가 학교 앞을 걸어 다닐 수 있으면 좋겠다고 생각했다. 그리고 덜컥 학교 앞 작은 주택으로 이사를 했다. 어릴 적 주택이 내게 주었던 즐거움을 아이에게도 주고 싶었다. 아이도 논두렁을 열심히 내달리며 재미나게 학교에 다녔다.

아파트를 벗어나 주택에 오니 내가 필요하면 관계를 맺는 방식에서 사람들이 먼저 내게 다가왔다. 익숙하지 않던 방식이었다. 누가 말이라도 걸까 봐 마당 밖도 못 나가는 생활이 이어졌다. 북초에서도 그런 생활이 이어졌다. 교사였기에 선뜻 학부모 그룹에 다가가기 어려웠다. 학부모가 교사에 대한 편견이 있듯 학부모에 대해 교사가 가지고 있는 편견은 선뜻 나를 공동체 안으로 들어가지 못하게 했다. 안에서도 밖에서도 그저 이방인이었다. 같은 교사지만 남편은 달랐다. 학교 안에 깊숙이 들어가서 참으로 열심히 활동했다. 혁신학교. 마을. 넘나드는 배움. 이런 이야기는 주로 남편의 이야기였다. 나 역시 우리 반 아이들과 참 재미나게 사는데 어쩐 일인지 남편은 나보고 항상 결과만 중시하는 성과주의자라고 했다. 그리고 아름다운 작은 공동체에 대한 이야기를 항상 했다. 아이가 걸어서 학교에 다녔으면 좋겠다는 생각으로 학교 앞으로 이사를 한 후 남편의 관심은 온통 광주북초였다. 공동체가 항상 아름답지는 않다는 것을 알았을 때 그해 우리 부부는 참 오지게도 싸웠다. 그리고 도망치듯 시골 생활을 정리하고 다시 아파트의 삶으로 돌아갔다.

2018년, 많은 교사가 그러하듯 일상에서 벗어나고 싶었다. 옆 반 선생님이 학습 연구년 계획서를 낸다고 해서 주제를 살펴보았다. 선뜻 계획서를 낼 수 있는 주제가 없었다. 곰곰이 살펴보다 학교공간이라는 주제가 눈이 갔다. 유독 공간과 관련된 일이 많았던 해였다. 그 해는 1학년을 하던 해였다. 교실 바로 옆에 있던 화장실이 좋지 못했다. 위생상의 이유로 화변기만 놓여 있었고 좌변기는 자바라를 걷어야 쓸 수 있는 장애인 화장실 한 곳이었다. 그나마도 맨날 막혀서 사용금지라고 적혀있기가 일수였다. 첫날 여자아이들 부모에게 신신당부했었다. "집에서 좌변기 생활이 익숙하다 보니 여자아이들은 소변을 참는 경우가 많아요. 화변기 사용하는 방법을 익혀주세요." 그러던 어느 날 4교시가 끝날 즈음 여자아이 하나가 발을 동동 굴리며 얼굴이 하얘졌다. 순간 직감적으로 '화장실이구나' 싶었다. 아이에게 "교무실 앞에 좌변기가 있는 화장실이 있으니 얼른 뛰어가거라. 선생님도 곧 뒤따라갈게." 하지만 아이는 가는 도중 소변을 봐버리고 말았다. 아이는 가는 길에 있던 교장실에 들려 소변 실수를 했다고 말했고 교장 선생님께서는 얼른 속옷 가게에서 속옷을 사 오셨다. 아이는 그

날 속옷의 색깔을 고를 수 있었던 게 일학년 기억 중 가장 좋은 기억이라고 이야기했다. 학생의 어머니로부터 입학식 날 선생님의 이야기를 듣고 한 달간 학교에서 화변기 사용 연습을 했다는 이야기를 듣는 순간 당장 화장실을 바꾸고 싶었다. 공문을 뒤지다 보니 광산구청에서 엉뚱 광주광역시 광산구청 Zoom-In "엉뚱" 공모사업

지자체가 학교를 대상으로 공모하여 진행하는 사업으로 학생들의 다양한 문화예술활동을 위한 기반 조성을 통해 학생들의 창조성과 민주시민의식, 문화감수성을 고양하고 미래의 민주시민공동체로 육성하는 미래의 교실, 학교 모델을 제시하는 사업

이라는 사업을 하고 있다는 것을 알게 되었다. 교육과정을 재구성하여 학생들과 직접 학교공간을 바꾸면 1,700만 원을 준다는 공문이었다. 그 공문을 들고 교장실을 찾아갔다. 교장 선생님께서는 곧 화장실개선사업이 있으니 조만간 화장실은 바꿀 수 있다고 이야기하면서 고학년이 학생 회의실을 바꿔 보는 게 좋겠다고 이야기하셨다. 그해 자치회 선생님은 아이들과 공간을 바꾸었다. 그리고 개소식 날 참여했던 많은 사람들이 참 뿌듯해했다.

가족과 함께 한겨레신문사에서 주관하는 작은집건축학교라는 프로그램에 참여했다. 7박 8일간 숙박을 하며 3.3평의 작은 이동식주택을 지어보는 프로그램이었다. 배관, 전기, 수도, 지붕, 샷시, 미장, 하루가 지나면 조금씩 집이 만들어졌다. 땀은 흘리고 고되었지만 하루가 지날 때마다 조금씩 집을 완성해가는 경험은 참 특별했다. 그런 경험들과 자료들이 더해져서 해보고 싶은 것들이 생겨났다. 책도 읽고 싶

고 좋은 공간도 보고 싶어졌다. 그렇게 계획서를 썼고 학습연구년 1년의 시간이 시작되었다.

교육청에서 제시한 [학생, 교사, 학부모가 함께 만드는 학교민주주의구현을 위한 학교공간]이라는 거창한 주제로 계획서를 쓰기 시작했을 때, 가장 먼저 생각난 곳은 광주북초였다. 몇 년간 구성원들이 학교 건축을 위해 고군분투하고 있다는 사실을 잘 알고 있었기에 처음엔 그저 되게 하고 싶었다. 사실 이렇게 오랫동안 이 일을 하게 될 것이라곤 그때 당시엔 생각지도 못했다. 다시 짚고 넘어가면 나는 광주북초 교사가 아니다. 학교건축을 하며 아이는 어느덧 6학년이 되었고, 이 책이 나올 즈음이면 졸업을 한다. 많은 사람들이 내게 "학부모니까 이렇게 참여하셨군요."라고 말하지만, 그때도 그렇고 지금도 그렇고 북초는 내게 언제나 교사와 부모로서의 삶의 고민 지점이며, 하루에도 몇 번씩 내 마음을 들었다 놨다 하는 그런 요물 같은 곳이다.

"나는 왜 학교공간으로 사람들과 이야기하고 싶을까?"

이 일은 질문으로 시작하는 긴 여정이었다. 꼬리에 꼬리를 무는 질문과 의문의 연속. 오지 않은 미래의 사용자에 대한 이야기. 학교의 사용자는 누구인지에 대한 이야기. 학교의 주인은 존재하는지? 북초는 구성원들에게 학교라는 곳은 어떤 의미인지, 공간이 만들어지고 지속하기 위해서는 무엇이 뒷받침되어야 하는지. 내가 학교 안에 담고 싶었던 이야기는 무엇인지. 그리고 그것은 과연 합의된 것인지.

"왜 짓지 못하는가?", "지으려면 어떻게 해야 하는가?"에서 시작된 이야기는 방법이 없어 답을 찾고자 온갖 곳의 문을 두드리게 했고, 많은 사람을 만나게 했고, 돌고 돌아 오늘을 만들었다. 지금 돌이켜 생각해보면 100년 가까이 된 오래된 시스템이 만들어낸 관행과의 지난한 싸움이었다. 하지만 어찌 되었건 이제는 시간이 흘러 전보다는 조금 더 나은 방식으로 학교들이 만들어지고 있다. 의견을 개진할 수 있는 [사용자 참여]라는 과정이 생겼으며 거기에 따른 예산도 책정되었다. 그리고 어느 시도를 하든 이제는 학교 안 구성원들의 의견을 다양한 형태로 취합하여 건물을 짓는 것은 당연하다는 이야기를 듣는다. 학교를 하나 만든다는 것은 단순히 물리적인 공간의 변화를 이야기하는 것이 아니다. 단순히 멋진 공간을 떠나 학교라는 곳을 어떻게 보고 내가 어떻게 살고 싶은가에 대한 이야기를 밖으로 꺼내고 그곳에 사는 사람들과 함께 문화를 만들어나가는 것이었다.

그러다 보니 여기까지 왔다. 교직에 들어와 바쁜 일상을 쳇바퀴처럼 열심히 살면 되는 줄 알았는데 지금껏 미처 마주하지 못한 나와 만나게 되었다. 공간에 대한 이야기였는데 하다 보니 스스로 어떻게 살고 싶냐고 묻고 있었다. 아이들을 깊이 있게 만나고 싶었고. 그 안에 사는 사람들을 깊이 들여다보고 싶었다. 교사로서의 삶, 부모로서의 삶, 많은 생각을 했고 나름의 답을 얻었다.

나는 북초의 내용을 있는 그대로 기록하고 싶었다. 학교 하나를 만들기 위해 나누었던 수많은 사람의 이야기. 시작할 때부터 문제가 없었던 적도, 쉽게 간 적도 없었다. 다만 우리가 처한 상황에서 최선을 다해 방법을 찾고 싶었다. 쉽지 않은 과정 이 자체가 귀하다 여겼다. 그리고 누군가 우리와 같은 꿈을 꾸고 있다면 이를 바탕으로 또 다른 이야기들이 만들어질 것이라 기대했다.

학교는 살아 움직이는 곳이다. 아니, 사람이 살면서 생명을 얻는다. 학교라는 곳을 중심으로 사람들이 모인다. 그리고 자신들이 바라고 원하는 교육의 형태를 이야기한다. 그리고 그것이 정말 합의된 적이 있었는지를 고민한다. 공공물인 학교를 지으며 학교는 이곳에서 어떤 의미를 지니는지, 우리에게 어떤 역할을 하는 곳인지, 우리는 이곳에서 무엇을 할 수 있는지 묻고 답한다. 그리고 이것은 단순히 멋지고 아름다운 공간의 의미를 벗어나 또 다른 삶의 이야기를 만든다.

언제나 좋은 건축의 중심에는 그곳에서 삶을 사는 사람들이 있다.

합의한 결과는 힘이 세다 _고은석

학부모학교 참여가 활발하게 이루어지고 성숙한 학부모 문화를 가지고 있다는 광주북초등학교에 포부도 당당하게 초빙 교사로 입성해서 교무부장을 맡았다. 교직 생활 처음으로 겁도 없이. 첫 학부모 총회. 교육과정을 일방적으로 설명하는 형식이 아닌 북콘서트 형식으로 모든 선생님이 자기가 맡은 업무 분야를 설명하는 재기발랄한 자리였다. 쑥스러워하고 어색해하는 선생님도 능숙하게 학부모의 반응을 이끄는 선생님도 학부모들이 진심으로 환호해 주는 축제 같은 자리가 되었다. 마지막 순서는 학부모들의 진솔한 고민과 궁금증을 자유롭게 나누는 시간이었는데 "통학버스 다시 만들면 안 되나요?"라는 질문 쪽지가 있었다. 순식간에 분위기가 어색해졌고 선생님들도 학부모들도 그 질문에 대해 말하기 싫어하는 눈치였다. 꽤 불편한 분위기였음에도 이후 학부모 총회가 있을 때마다 이 질문은 계속 나왔다. 광주북초는 혁신학교 운동이 시작되기 이전부터 환경운동과 시민단체 활동에 적극적인 학부모들이 모여서 나름의 문화를 만들어 가고 있는 작은 학교였다. 진보교육감 초기, 작은 학교 살리기 운동이 조금씩 퍼져가고 있을 때 광주지역의 다른 작은 학교처럼 교육청으로부터 통학버스가 지원되었다. 공동체의 의사와 상관없이 지원된 통학버스는 학교에 큰 분란의 씨앗이 되었고 통학버스가 없어진 이후에도 사라지지 않았다. 학부모의 의견을 모아 통학버스를 없앤 학교. 통학버스가 편리함에도 불구하고 학부모가 모두 합의해서 통학버스를 없앴다고 들었는데 막상 학교 안에 들어와 보니 논쟁은 해소된 것이 아니라 봉합되었던 것에 불과했다. 어떤 학부모는 다 합의하고 끝난 얘기를 다시 꺼낸다고 했고, 어떤 학부모는 그 논의를 할 때 상처를 많이 받았다고 했으며, 어떤 학부모는 새로 입학한 신입생 학부모들과 지금이라도 논의를 다시 하자고 했다. 당시의 학교장을 포함한 학교는 이 문제를 학부모들이 알아서 할 일이라며 끼어들고 싶어 하지 않았고 이런 태도는 문제를 해결하기는커녕 불씨만 계속 키우고 있었다.

결국, 학교가 통학버스에 대해 '이 문제를 새로 논의할 생각이 없다.'라는 발표를 하고서야 일단락이 되었다. 이때 내가 얻은 교훈은 첫째, 공동체의 의사를 묻지 않고 교육청에서 좋아 보이는 사업을 학교에 보냈을 때 오히려 공동체를 해치는 방향으로 나갈 수 있다는 것. 둘째, 학교에서 일어나는 문제를 학부모에게 "당신들끼리 해결하시오."라는 태도는 권위를 벗는 것이 아니라 "싸우든지 말든지." 라는 메시지일 뿐이라는 것이다. 학교가 리더십이 없음을 고백하는 것이며 이 결과에 대한 책임도 모두 학교에 돌아온다. 마지막으로 가장 가슴 아픈 일은 한 번 생긴 공동체의 상처가 아무는 것이 너무 어려울 뿐 아니라 설사 회복된다 해도 시간이 많이 걸린다는 것이었다.

학교 건축! 간신히 봉합되어 돌아가고 있는 북초 공동체에 던져진 학교 건축 사업을 받아든 나는 사실 두렵고 무서웠다. 지금의 모습을 지키고 싶어 하는 학부모도 있었고 현재의 불편함이 해결된 새로운 학교의 모습을 원하는 학부모도 있었다. 어떻게 합의할 것인가? 또다시 공동체가 둘로 나뉘어 산산조각이 나는 상황이 생기면 어쩌지? 진짜로 관여하고 싶지 않았다. 한편으론 "학교 건축을 계기로 학부모가 다시 한 마음으로 뭉칠 수 있을까" 하는 마음속에 아주 작은, 진~짜 아주 작은 목소리 하나가 있었지만, 정말이지 자신 없었다.

시간이 흐르고 없는 길도 만들어 가며 교육감, 교육장에게 읍소해 가며 짠내 나는 노력과 소통의 과정을 지나왔는데 시공이 진행되는 지금도 사실, 자신 있게 말하기는 어렵다. 우리는 합의했을까? 다른 학교보다 서너 배나 느린 속도로 더디고 힘들게 시공까지 왔고 공청회, 워크숍, 공유회를 계속해서 열었다. 논의가 진행될 때마다 빼먹지 않고 공유하고 소통하려고 노력했는데...... 매 순간 소통은 오해였음을 확인했고, 설명의 시간은 지난 데 비해 이해받는 것은 짧았으며 어떤 사람들은 때로 너무 쉽게 공동체의 논의 과정과 결과를 뒤집어엎었다. 그래도 했다. 왜 그렇게까지 했냐고 물어보면 공동체가 너무 소중해서라고 말하고 싶다. 어디에도 없을 것 같은 북초 공동체가 너무 귀해서. 그 공동체가 학교 건축이라는 사업을 진행하면서 오해하고 둘로, 셋으로 깨질지도 모른다는 사실이 무섭고 싫었다. 그래서 무엇보다 중요한 일은 교육청을 설득하고 건물을 멋들어지게 짓는 일이 아니라 공동체에 설명하는 일이었다. 문제에 부딪힐 때마다 다 꺼내놓고 상의했다. 어려움이 있으면 학부모회에 설명하고 도움을 요청했다. 모두 생업을 제쳐놓고 달려와서 함께 해주었다. 학교에는 학부모뿐만 아니라 교사를 포함한 교직원, 관리자까지 다양한 위치에서 자신의 요구를 하는 사람들이 있다. 게다가 학생의 의견이 묻히지 않게 하는 것도 중요한 일이다. 공동체의 모든 사람들이 무슨 말이든 할 수 있어야 한다고 생각했다. 소통은 아무리 해도 부족하지만, 누구나 아무 말이나 할 수 있는 분위기여야 원하는 것의 본질을 볼 수 있고 오해가 줄어든다. 그렇게 만들어진 합의의 결과는 힘이 셌다. 누구도 협의의 절차와 과정 없이는 함부로 해석하고 뒤집거나 바꿀 수 없었다.

처음 교육청에서 학교 건물의 가설계를 가져와서 설명하는 자리에서 "이 학교는 풀 한 포기, 나무 한 그루도 함부로 건드리면 안 된다면서요."라는 말을 농담처럼 했다. 그 후에도 여러 번 그 말이 회자되었다. 화가 치밀었다. 그 귀한 마음을 왜 놀리는가? 지키고 싶어 하는 마음을 우습게 여기나? 그래, 우리 풀 한 포기, 나무 한 그루도 함부로 건드리면 안 돼! 어쩔래? 그 귀한 마음 지키고 싶었다. 그래서... 여기까지 왔다.

광주북초 교육 목표와 비전이 쓰인 학교 교육과정에는 교사상이 이렇게 나와 있다. '자신의 삶으로 가르치며 함께 성장하는 교사' 가끔 교육과정을 읽어볼 일이 있으면 이 말이 그렇게 버겁고 부담스러웠다. 같이 살면 되지 아이고, 삶으로 가르치다니!

사실 나는 그닥 공간을 잘 쓰는 사람도 아니고 학교 건축에 관심이 있는 사람도 아니다. 교실 공간에 대해 깊이 고민해 본 적도 없다. 그런데 내가 사는 광주북초에 학교 건축이라는 큰 사업이 생겼고 그 일을 하다 보니 학교가 지어지는 시스템을 알게 되었다. 그래서 학교 건축 시스템은 왜 이럴까, 다르게 할 수는 없을까 하는 질문과 학교를 짓는데 왜 사는 사람의 의견을 묻지 않는가 하는 문제의식을 가지게 되었다. 삶의 어느 상황에 문제가 생긴 것이다.

살면서 문제 상황에 놓이게 되면 할 수 있는 여러 가지 방법이 있다. 있는 문제를 없다는 듯이 모르는 척하거나, 원래 세상이 그러니 어쩔 수 없다고 받아들이거나, 나랑은 상관없는 일이라고 회피하기도 한다. 이런 방법도 나쁘지 않다. 살아가는 방법 중 하나고 어떤 면에서는 건강에도 좋다. 그리고 또 하나의 방법이 있다. 해결하려고 노력해 보는 것이다. 나에게 학교 건축 문제는 삶에 문제가 닥쳐왔을 때 해결해 보려고 노력해 본 일이다. 세상을 바꾼 거창한 일까지는 아니지만 그렇게 해서 많은 것을 바꿨다.

  길이 없으면 길을 내고, 때론 안될 거라고 알면서도 앞뒤 안 가리고 싸웠다. 모르는 것이 있으면 질문하고 조사하고 공부했다. 정말 많은 사람과 신물 날 정도로 많은 이야기를 했으며 때론 말 섞기 싫은 사람과도 대화했다. 도움을 줄 수 있는 사람을 찾고 연대했다. 학교 공동체의 지지를 받으며 힘을 얻었고, 학교 건축 소위원회에서 함께 하는 사람들에게 의지했다.

  학교 건축 소위원회에서 함께 한 학부모도 그렇게 했다. 부모가 아이에게 가르칠 수 있는 것은 사는 모습뿐이라는데 내가 그 모습을 보면서 배웠다. 어쩌면 그래서 긴 시간, 지치고 힘들어하면서 여기까지 올 수 있었는지도 모른다.

  삶에 문제가 생기면 어쩌다 한 번은 이렇게도 해볼 수 있단다. 몸과 마음은 힘들지만 그렇게 해서 조금씩 뭔가가 바뀌기도 해. 삶으로 가르친다는 말은 아직도 너무 무겁지만, 혹시나 아이들이 알지 않을까.

학교가 학교제 _정록

  서머힐 스쿨.

  키노쿠니 어린이마을.

서로 비슷한 듯, 비슷하지 않은 학교들이면서 내가 꿈꾸는 학교.

내 또래의 어른이면서 아이가 있는 학부모라면 학교에 대해 그리 좋은 기억을 갖고 있지 못할 것이다. 비록 교사라는 이름으로 삶을 살아가고 있지만 나 또한 학교에 대한 좋은 추억보다는 그렇지 않은 추억이 많다. 어찌 그 많은 것들을 이겨내고 온전히 여기에 서 있는지. 지금도 신기할 때가 많다. 그리 많은 생각을 하지 않고, 아니 아무 생각 없이 하라는 공부만 하고 다행스럽게도 의자에 앉아 있던 시간 만큼의 성취를 보였던, 학창 시절을 보내온 게 다행이었다는 생각이 들 정도로.

나는 순하디순한 학생이었던 것 같다. 가끔 엉뚱함으로 주변을 놀라게는 했지만, 기대를 크게 저버리지 않고, 잘 따라온.

옛 학교, 교실, 친구들, 선생님을 생각하면 사실 온전하게 기억나는 것은 없다. 그저 아이들이 즐겨보는, 자두야에 나온 학교 정도나 생각이 날까. 그리고 가끔씩 무심함을 가장하며 화면을 보면 예전과 지금의 교실은 어찌나 비슷한지 깜짝깜짝 까지는 아니고 그냥 '그러네' 하고 생각만을 한다.

내가 꿈꾸는 학교는 서머힐이다. 준비될 때까지 긴 호흡으로 아이들을 기다려 주는 학교. 1교시, 2교시에 배울 것, 한 학기에 배울 것, 한 학년에 배울 것이 나열되고, 마치 학교 교육의 전부인 양 쫓기는 학교가 아니라, 10년 정도의 시간을 두고 스스로 배움을 필요로 하는 시기를 기다리고, 그 시기에 배움이 이루어지는 학교.

가끔 우리 학교는 어디쯤 위치해 있을까? 하고 생각해본다.

어떤 이는 '섬'이라 이야기하기도 하고, 어떤 이는 '우리만의 파라다이스'라고 이야기하기도 한다.

어떤 이는 공립초등학교라며 나의 공상과 낭만주의를 꼬집는다.

그냥 광주의 외곽지역에 있는, 도시에서는 흔치 않은, 하지만 전혀 없지도 않은.

논과 밭으로 둘러싸인 광주북초등학교. 아마 그 위치만큼이나 공교육 안에 있지만, 가끔은 공교육과 대안 교육의 언저리에 있을 만한 학교. 모호한 위치와 그만큼이나 모호한 내 생각. 그리고 가끔은 그만큼 모호한 학부모들.

학교를 바꾸고, 교실을 바꾼다고 하면 교육과정을 중심으로 이야기했다. 학생 중심 교육. 배움 중심 교육. 생태교육.

있는 말 그대로, 학교를 바꾸고, 교실을 바꾸고 있다.

새 학교 건물을 짓고, 새로운 교실을 만들고 새롭게 쓰기를 기다리며.

사실 교실이 크게 바뀔 것은 없을 듯하다.

학교도 짓고 나면 '에게~~' 할 것 같기도 하다.

교실이 교실이고, 학교가 학교제.

뭐가 교실이고, 뭐가 학교일지.

학교는 공간일까?

학교는 배움이 일어나고 있는 곳일까?

학교는 학생과 교사가 있는 곳일까?

학교는 사회화가 이루어지는 곳일까?

학교는 학생의 성장이 이루어지고 있는 곳일까?

학교는 교사와 학생의 삶이 이루어지고 있는 곳일까?

학교는 어린아이가 성인이 되기까지 맡아서 길러지는 곳일까?

학교는 지혜를 배우는 곳일까?

학교에도, 교실에도 아이들이 없다.

코로나 19로 아이들이 없는 학교, 교실.

아이들은 집에 있다.

조그마한 작고 복잡한 기기들을 붙잡고, 지루함을 달래가며 배우고 있다.

배우고 있을까?

배움이. 있을까?

배움이 뭐지?

작은 기기들로, 무언가를 배운다고 집을 학교라고 하지 않는다.

그렇다.

교실이 교실이고 학교가 학교제.

내가 있고, 너희가 있고, 그래서 소란스러운 곳. 그래도 보내놓으면 부모가 불안해하지 않는 그곳이 학교고 교실이다.